Edition Akzente
Herausgegeben von
Michael Krüger

Karl Heinz Bohrer

Ekstasen der Zeit

Augenblick, Gegenwart, Erinnerung

Carl Hanser Verlag

1 2 3 4 5 07 06 05 04 03

ISBN 3-446-20320-6

Umschlag nach einem Entwurf von Klaus Detjen
unter Verwendung eines Motives aus dem Emblembuch
des Covarrubias Orozco (1610).
Satz: Filmsatz Schröter GmbH, München
Druck und Bindung: Friedrich Pustet, Regensburg
Printed in Germany

Inhalt

Vorwort

Die hier versammelten sechs Texte, die zu verschiedenen Anlässen während der letzten Jahre an verschiedenen Orten als Vorlesungen vorgetragen wurden, behandeln alle das gleiche Thema: die Zeit und wie sie die imaginative und spekulative Phantasie prägt; als gewesene Zeit, verfließende Zeit und zukünftige Zeit. Auf die Reaktionen einzugehen, die vor allem die Heidelberger Vorlesungen (I, IV, V) auslösten, sah ich mich nicht genötigt, da es nur zu einer Variation des schon Gesagten geführt hätte. Statt dessen sei festgehalten, worin sich die folgenden Darstellungen intensiven Zeitbewußtseins von anderen aktuellen Behandlungen der Zeit unterscheiden: Sie sind nicht kulturwissenschaftlich und nicht geschichtsphilosophisch orientiert, sondern folgen einem ästhetischen Subjektbegriff, den ich in früheren Arbeiten *(Das absolute Präsens, Theorie der Trauer, Ästhetische Negativität)* entwickelt habe. Das hat zur Folge, daß die gewählten Zeitkategorien Erinnerung, Gegenwart und Augenblick sich weder auf ein kollektives Gedächtnis im Sinne eines kulturellen Reservoirs beziehen noch Geschichte und vergangene Zeit utopisch aktualisieren. Es geht ausschließlich um die Frage nach der Vorstellung, die das imaginative und spekulative Subjekt bezüglich Vergangenheit, Gegenwart und Zukunft entwirft, wenn es nicht durch kulturelle Norm oder geschichtspolitische Absicht präpariert ist. In die so gestellte Frage ist auch noch das historische Bewußtsein im engeren Sinne der ersten Vorlesung einbezogen.

Der Begriff *Ekstasen der Zeit* wurde gewählt, um den Intensitätscharakter der jeweils beobachteten Momente von Zeitbewußtsein zu markieren: Der Augenblick, die Erinnerung und die Gegenwart sind als Bewußtseinsformen beschrieben, in denen jeweils die Präsenz von Leben ihre größtmögliche Entfaltung bekommt. Dabei überschneiden sich poetisch-imaginative und philosophisch-reflexive Zeiträume vorgestellter

Präsenz. In den Heidelberger Vorlesungen ist die dabei auftretende Differenz bei essentieller Ähnlichkeit am schärfsten gefaßt: Der erinnernde Blick auf die nationale Vergangenheit bleibt bei aller epischen Assoziation punktuell, die Emphatik des poetischen Augenblicks gilt einem Punkt, der zu verschwinden droht, die Punktualität des philosophisch Negativen kann sich nur aufheben in einem traditionellen Begriff des Gedankens. Diesen drei Varianten des Zeitbewußtseins zwischen Zeitpunkt und Zeitlänge schließen sich die drei anderen Vorträge – über historische und poetische Erinnerung, über das Nichtheraustreten aus dem Gegenwartshorizont und über die Zukunft der Geisteswissenschaften – jeweils mit unterschiedlichem Akzent an: Die poetische Erinnerung besteht aus nichts als aus dem Punkt, nämlich der Imagination des Subjekts, die Antizipation von Zukunft kann ebenfalls über den Zeitpunkt dieser Antizipation nicht hinausgehen, und selbst die objektive Setzung einer zukünftigen Humanities-Wissenschaft gerät zur Ideologie, ist sie sich nicht der vorab gegebenen Punktualität ihrer Heuristik bewußt.

Es ist also so, daß immer die kleinste Zeiteinheit ins Verhältnis gebracht ist zu einer größeren oder der größten überhaupt, wobei sich herausstellt, daß die kleinste nur möglich ist wegen dieser Relation, aber gleichzeitig fast niemals über ihr Limit hinauskommt. Der einzige Fall, wo dies geschieht, ist die nationalgeschichtliche Erinnerung: Die Punktualität, die sich hier anbietet, der Holocaust, könnte nur in einem radikal imaginativen Verfahren aufrechterhalten werden, sozusagen als eine Art katastrophisch-chiliastisch gedachter Neuanfang von Geschichte überhaupt. Dagegen aber steht die Pragmatik geschichtlichen Sinnverstehens. Umgekehrt sind in allen anderen hier vorgeführten Modi des Zeitbewußtseins dessen imaginativ-spekulativer Charakter, also die Abwesenheit solcher pragmatischer Nötigung, die Ursache dafür, daß es bei der Emphatik oder Negativität der Punktualität bleibt.

Man kann diese Einsicht auch so ausdrücken: Hochrechnungen der Zeit auf Kategorien wie Finalität, lange Zeit oder Ewigkeit sind einer lebensnotwendigen Illusion geschuldet. Ohne diese Vorbeleihung auf Glück existiert weder Vergangenheit noch Zukunft, sondern nur das Jetzt als phänomenales Datum von relativer Intensität. Es wäre über die besonderen semantischen Bedingungen dieser Reduktion ausführlicher zu handeln, als es hier geschehen ist. Von einer prinzipiellen Einsicht darf ausgegangen werden: Wenn die moderne Metaphorik der Plötzlichkeit – und dazu gehören am Ende auch alle technologisch einschlägigen Zeichen – gegenüber dem traditionellen Begriff der Zeitlichkeit die Oberhand gewinnt – das beginnt philosophisch mit Nietzsche und literarisch mit Friedrich Schlegel –, ist das phänomenologische Jetzt als ein Apriori des Denkens von Zeit ohne Vergangenheit und Zukunft gesetzt. Aber es wird zugleich erkennbar, hierzu besonders in der vierten Vorlesung, daß dieses Jetzt nicht ohne Ersatzteile des Ewigen auskommt. Aber dies eben ist letztlich eine Entgleisung der schon gewonnenen avancierten Position der Illusionslosigkeit. Sie aufrechtzuerhalten oder wiederzugewinnen, ist die einzig überzeugende Konsequenz (vgl. dritte und sechste Vorlesung).

Herbst 2002
KHB

I. Erinnerungslosigkeit

Ein Defizit der gesellschaftskritischen Intelligenz

Würde man für den Begriff Erinnerungslosigkeit den dem westdeutschen Sprachidiom psychologisch näherliegenden Begriff Geschichtsvergessenheit einsetzen, dann wäre das Mißverständnis der hier zu entfaltenden Thematik sicher: Es entstünde das Vorverständnis von einer Verdrängung der Geschichte, konkreter: unserer unmittelbaren Vergangenheit im 20. Jahrhundert, also der Geschichte der nationalsozialistischen Periode, ihres Zivilisationsbruchs und des ihr eigenen Verbrechens. Nun kann aber seit mehr als einem Jahrzehnt keine Rede mehr von einer solchen Verdrängung im öffentlichen Bewußtsein sein, sondern im Gegenteil, je größer der Abstand zum historischen Ereignis, um so intensiver und differenzierter seine geschichtswissenschaftliche und politisch-intellektuelle Wahrnehmung als ein aktuelles Problem der deutschen Gegenwart. Es handelt sich bei aller Historisierung um ein historisches *Nahverhältnis.*

Was dabei übersehen wird, ist die Frage nach dem historischen *Fernverhältnis.* Ist es nicht so, daß ein solches zur Zeit nicht existiert und diese Nichtexistenz sozusagen das emphatische Nahverhältnis zur Bedingung hat, das M. Rainer Lepsius als das zentrale historische »Bezugsereignis« charakterisierte (1993) und das Martin Broszat (1985) als Denkhemmung schon in dem Sinne problematisierte, den ich im folgenden – wenn auch nicht als Historiker – erläutern will.

Die Nichtexistenz eines Verhältnisses zur geschichtlichen Ferne, das heißt zur deutschen Geschichte jenseits des Bezugsereignisses Nationalsozialismus, das wird sofort evident, ist nicht das Resultat eines Willensaktes, der heute oder morgen revidierbar wäre, sondern ist eine Art mentales Apriori, eine zweite Haut bundesrepublikanischen Bewußtseins: Es handelt sich eben nicht um eine Geschichtsvergessenheit, die man auf Einklage hin revidieren könnte, sondern um eine Erinnerungslosigkeit, die auf dem vollkommenen Verschwundensein von Vorstellungen, die kollektive Vergangenheit der Nation betreffend, beruht. Diese Lage wird verdeckt durch die »memoria«-Rede, die zu einem Kitsch-Ritual der akademischen Intelligenz zu pervertieren droht. Bevor ich die paradoxale Struktur des Verlustes der Fernerinnerung auf ihre Herkunft – das ist die Gesellschaftskritik – und auf ihre aktuellen Defizite – das ist das Verständnis der Nation – betrachte, ist genauer zu verstehen, was denn historisches Erinnern selbst ist.

Was heißt Erinnerung?

Zunächst muß man sich über die Differenz von subjektiv-privater und objektiv-öffentlicher Erinnerung klarwerden. Ich erinnere mich an meine Jugend, und diese Erinnerung ist meine ganz private, auch wenn andere sich an meine Jugend erinnern können. Ich erinnere mich an eine Epoche, die vor meiner Jugend liegt, und diese Erinnerung ist eine öffentliche, die ich mehr oder weniger, abgesehen von subjektiven Einfärbungen, identisch mit anderen teile. Dabei tritt eine weitere Differenzierungsmöglichkeit auf: der Unterschied zwischen unbewußter und bewußter Erinnerung. Marcel Proust hat in seinem Jahrhundertwerk, das die private Erinnerung zum Thema hat, der *Suche nach der verlorenen Zeit*, in Anlehnung an Henri Bergsons *Materie und Gedächtnis*, zwischen diesen beiden Erinnerungsformen bekanntlich unterschieden und der unbewußten Erinnerung die eigentlich imaginativ-kreative Kapazität der Wiederherstellung des Vergangenen im Gegenwärtigen zugeschrieben.

Damit komme ich nun zur kategorial wichtigsten Differenz: der Differenz zwischen historischer und poetischer Erinnerung. Es geht bei der poetischen Erinnerung – Erinnerung ist seit der griechischen Mnemosyne so etwas wie die Basisdefinition für Dichtung – nicht um das objektive Abrufen von Ereignissen, die in der Vergangenheit liegen, sondern um ein imaginatives Inbezugsetzen meiner Gegenwart zu dieser Vergangenheit. Um bei unserem literarischen Beispiel zu bleiben: Prousts *À la recherche du temps perdu* ist keine Darstellung der französischen Gesellschaft um 1900, sondern die Darstellung einer spezifischen Erinnerung dieser Gesellschaft bzw. die Darstellung der Erinnerung an das Ich in dieser Gesellschaft. Die Zeit ist eine verlorene und wird als Kontinuum nie zurückgewonnen, sondern nur als Essenz des in der »mémoire involontaire« epiphan gewonnenen Gedächtnisaugenblicks.

Diese epiphane Struktur ist das eine Kennzeichen aller Vergegenwärtigung von Vergangenem in der modernen Literatur des frühen 20. Jahrhunderts. Es gibt aber auch die Inversion solcher Vergegenwärtigung: daß in der Vergegenwärtigung schon der temporelle Status des Vergangenseins reflektiert und zur Trauer erhoben wird. In solchen Formen der Trauer um das eben noch Gewesene handelt es sich nicht mehr um die Suche nach der verlorenen Zeit, sondern um die buchstäbliche Darstellung ihrer Verlorenheit.

Man kann aus diesen beiden unterschiedlichen Emphatisierungen von Zeitlichkeit zur Einsicht gelangen, daß die Literatur als ästhetische Zeit überhaupt keine andere Zeitlichkeit als die epiphane Struktur jenseits chronologischer Ordnung kennt. Überhaupt – bleiben wir bei Proust als Paradigma ästhetischer Zeitdarstellung – darf die absolute Differenz zur Geschichtsschreibung nicht vergessen werden: Wir können mit dieser nur den von Proust geschilderten Protagonisten des Sicherinnerns vergleichen, nicht aber die Proustsche Darstellung dieser Erinnerung selbst.

Nichtsdestotrotz erlaubt uns die Einsicht in den besonderen Modus des poetischen Erinnerns, nämlich als imaginative Produktionsstätte, einen ersten kardinalen Satz über die historische Erinnerung: Historisches Erinnern ist kein bloßes Zurückrufen von Fakten, Ereignissen, die in der Vergangenheit liegen. Ohne hier die amerikanische Theorie über die Literarizität von Geschichtsschreibung, vornehmlich Hayden Whites

Theorie von der Historie als Rhetorik, bemühen zu müssen und mit aller Betonung, daß historische Erinnerung sich prinzipiell von poetischer unterscheidet, ist *eine* Gemeinsamkeit nicht auszuräumen: Geschichtsschreibung und historische Erinnerung implizieren ein Inbeziehungsetzen der Gegenwärtigkeit des Erinnernden und des Erinnerten, das heißt, die Geschichtsschreibung teilt, insofern sie nicht zur Sozialstatistik degeneriert, mit der Poesie noch immer das hermeneutische Verfahren wie es Gadamer vor vierzig Jahren dargetan hat.

Klassisch formuliert findet man diese Analogie, wenn man Friedrich Schlegels historische und Novalis' poetische Erinnerungsdefinition nebeneinanderstellt: In beiden Fällen wird im Erinnernden die Subjektivität des Ichs virulent. Das ist zwar die romantische Fassung der Erinnerungsstruktur, die aber im Kern auch für eine moderne in Anspruch genommen werden könnte. Sagen wir also in toto: Geschichtliches Erinnern, ob als privater Bewußtseinsakt oder als professionelle Schrift, ist sehr viel komplexer als die Akkumulation von Daten. Es involviert beim Autor dieser Erinnerung auch unbewußte Vorstellungen, Affinitäten, Assoziationen, wie sie Proust für die »mémoire involontaire« verantwortlich machte. Dazu gehört sogar so etwas wie der Eros bezüglich des erinnerten Gegenstandes. Man denke etwa an die Mittelalterdarstellungen der zeitgenössischen französischen Historiographie, bei Jacques Le Goff oder Georges Duby. Es sind nicht nur neue Einsichten in soziale, symbolische, politische Zusammenhänge, die den unsrigen ganz fremd sind, sondern es bleiben dabei immer französische Zusammenhänge, deren unendliche Kontinuität bis zum heutigen Tag beim erinnernden Ich, dem darstellenden Historiker und den die Darstellung Lesenden, eine reflexive Bewegung in Gang setzt, die inhaltlich ganz verschieden sein kann: Faszination am fremden Eigenen, Vergleich der damaligen mit der heutigen Struktur und dergleichen. Aber eines wird dabei am Ende rezeptionstheoretisch den Ausschlag geben: Dieses weit Entfernte hat noch immer etwas mit dem Gegenwärtigen zu tun. Man nennt das den kulturellen Zusammenhang. Hierdurch tritt nun aber eine spezifische Objektivierung und Stabilisierung des erinnernden Subjekts ein: Man hat dies kulturelle beziehungsweise nationale Identitätsbildung genannt.

Es gibt gewiß auch andere Formen für deren Herausbildung, und man kann eine solche Identitätsbildung vom Standpunkt eines starken Ich-Ideals auch als Über-Ich-Suche problematisieren, wie leicht am Beispiel des kollektiven Nationalismus erkannt werden kann: Bricht ein solches Über-Ich zusammen, werden die einzelnen von ihm Geprägten leer. Es kommt also auf die Struktur des Verhältnisses an. Gewiß ist, daß historische Erinnerung jene Identität, die bei kulturellen Kontexten sich bildet, besonders begünstigt und Angehörigen solcher Kontexte eine besondere Selbstsicherheit gibt. Man kann noch weitergehen und sagen: Ohne solche kulturelle Identitätsbildung entsteht nicht das, was man eine nationale Zivilisation nennt. Dabei wird auch deutlich, daß es sich um vertikale, nicht horizontale Zeitstrukturen handelt, die eine solche Identitätsbildung ermöglichen, das heißt also um Fernerinnerung.

Dabei sollte man allerdings ein Mißverständnis von vornherein ausschließen: Das seit den achtziger Jahren aufgetauchte Interesse breiter Bevölkerungsschichten an früheren Kulturen – beispielhaft für Westdeutschland war der Erfolg der Staufer- und Preußen-Ausstellungen – kann nicht für die hier veranschlagte Fernerinnerung in Anspruch genommen werden. Bei solchen Geschichtsinszenierungen, die heute einer generellen Ausstellungspraxis der großen Museen entspricht, wird eine neue Art des durchaus legitimen Voyeurismus angesprochen, in dem sich eine von Abstraktionen übermüdete Konsumentenschaft ausruht: Bilder statt Buchstaben beziehungsweise Argumente. Mit historischer Fernerinnerung in unserem Sinne hat das wenig zu tun. Eher zeigt sich hier das eigentümliche Phänomen einer unendlichen Gegenwart, die sowohl Vergangenheit als auch Zukunft auf das ewige Jetzt kulturellen Konsums schrumpfen läßt.

Die für die Struktur der Fernerinnerung, von der wir hier

reden, entscheidende Spannung zwischen den Polen Subjekt und Objekt ist bei solchem Interesse an früheren Kulturen nicht notwendig. Es tritt nicht selbstverständlich das ein, was Koselleck von der geschichtlichen Erinnerung sagte: »Wer sich mit der Vergangenheit beschäftigt, wird mit sich selbst konfrontiert.« Das hier formulierte hermeneutische Prinzip moderner Geschichtserinnerung ist eine Antwort auf die Defizite des Historismus, die Nietzsche seinerzeit buchstäblich auf den Punkt gebracht hat, als er die Position des historischen Menschen gegenüber einem zu weiten Horizont erläuterte, den es wieder zurückzunehmen gelte auf den Punkt der subjektiven Wahrnehmung von Vergangenheit.

Aufhebungen der Geschichte

Nun ist die Situation einer verlorengegangenen Zeit nicht naturwüchsig über uns gekommen, sondern Resultat eines gezielten Nachkriegsdenkens, bei dem eine sich sozialwissenschaftlich begreifende Historik und eine hermeneutikkritische Philosophie die ausschlaggebende Rolle gespielt haben. Um so mehr als es sich dabei nicht bloß um einen intern universitären Prozeß handelte, sondern um einen solchen, der infolge des wissenschaftlichen Ranges und der publizistischen Autorität seiner Akteure tief in das gesellschaftspolitische Klima der Bundesrepublik eingedrungen ist, obwohl die Akteure seit geraumer Zeit nicht mehr von ihren Lehrstühlen aus wirken: Für die beteiligten Universitätsprofessoren war charakteristisch, daß sie allesamt über Foren und Zeitungen sehr bald Einfluß auf die Denkbilder der politischen Gesellschaft gewannen. Das Philosophie und Geschichtswissenschaft gemeinsame erkenntniskritische Apriori war die Arbeit an einem neuen moralischen Selbstbewußtsein angesichts der gerade vergangenen nationalsozialistischen Epoche. Es trat also sofort die Emphatisierung einer historischen Nahbeziehung ein, die aber die spezifische Hermeneutik geschichtlicher Erinnerung unter Verdacht setzte, ohne daß man hier schon das Problem der historischen Fernbeziehung anzusprechen hätte. Für diese Infragestellung des geschichtlichen Denkens und seiner philosophischen Erben – Heidegger und Gadamer sind die ersten Adressen – steht das Denken Karl Otto Apels und dann, mit enormer Publikumswirkung, das von Jürgen Habermas und seiner Schüler. Wie sieht die Auflösung des geschichtlichen Horizonts nun aus? Die Antwort lautet: qua radikalisierter universalistischer Kritik, einer Kritik, die die philosophische Theorie von der Abhängigkeit der Vernunft vom temporalen Seinsgeschehen ins Visier nahm.

Apel warf Gadamers Geschichtlichkeit des Verstehens vor, diese verkürze einerseits das an regulativen Ideen orientierte Verstehen zu Gunsten »der Autorität der kontingenten Tradition« und verlege andererseits den Geltungsanspruch von Erkenntnis überhaupt in die Geschichte selbst. Dieser Vorwurf verbirgt die Illusion, man könne der Geschichte entkommen, man könne das Negative in ihr nachträglich verbessern.

Außerdem ist gegenüber diesem Vorwurf, bei dem es sich ja auch um den Vorwurf eines methodischen Rückschritts handelt, zu sagen, das er erkenntniskritisch immer schon naiv wirkte, als die Entdeckung von Kontingenz, die große Leistung Friedrich Schlegels gegenüber der rationalistisch eindimensionalen Geschichtsteleologie des 18. Jahrhunderts, etwa Condorcets, längst zur anerkannten epistemologischen Regel avancierte, von der Apels Letztbegründungslogistik aber gereizt keine Kenntnis nehmen wollte und will. Apels Kritik war sich der international deutlicher gesehenen Schwäche seiner Position durchaus bewußt, und die Neuauflage der Polemik gegen die deutschen Kontingenz-Theoretiker diente denn auch vornehmlich einer kritischen Abwehr gegenüber der internationalen philosophischen Postmoderne, namentlich Richard Rortys Neopragmatismus, also der nachdrücklichen Auflehnung von Letztbegründungsverfahren, Jean-François Lyotards Skepsis gegenüber der Universalgeschichte und Jacques Derridas Verwerfen normativer Gewißheit. Zu den Details dieser Debatte, die noch Ende der achtziger Jahre, also vor gar nicht so langer Zeit, in eine von deutschen Philosophen übel geführte Polemik überging, bei der französische Philosophen der irrationellen, ja präfaschistischen Literatur der zwanziger Jahre gleichgesetzt wurden, ist nur soviel zu sagen, daß sie uns das hier interessierende Urmotiv Apels und auch Habermas' deutlich macht: die gedankliche Überwindung des nationalsozialistischen Syndroms dadurch zu gewinnen, daß man das universalistisch-aufklärerische Prinzip gegen jede Form von historischem Denken theoretisch durchsetzt, im Namen eines Universalismus freilich, in dessen Beleuchtung dann alle historischen Katzen die gleiche Farbe annehmen – von Rorty bis zum Biologismus der zwanziger Jahre. Gadamer hat denn auch den »abstrakten Moralisten«, wie er sie nennt, vorgehalten, ihr »Sinnbegriff« sei noch immer von der »idealistischen Identitätsphilosophie« geprägt. So war es und so ist es und deshalb ihr fortschreitender Anachronismus.

Jürgen Habermas, der für seine Position inzwischen durchaus »Kontingenz« beansprucht und sagt, das der Vernunft Widerstreitende sei in Hegels (und seinem eigenen) komplexen Vernunftbegriff schon mitgedacht und bedürfe also keiner weiteren Erörterung als eines autonomen Widerstreitenden, hat den geschichtsfeindlichen Universalismus mindestens ebenso rigide wie Apel betrieben, und dies mit unmittelbarer Wendung in die Geschichtspolitik unserer Tage. Zu Grunde lag das Projekt einer zu vollendenden Moderne, in der nichts Platz zu haben scheint als das, was einem strikt sozialen Fortschrittsbegriff dient, wodurch der Unterschied zu Georg Lukács' These von der »Zerstörung der Vernunft«, die in der Romantik angeblich ihren Anfang genommen habe, zuweilen nur im elementaren gedanklichen Verfahren liegt. Für die Prozedur der Einbeziehung der Ferngeschichte in die Nahgeschichte am bedeutsamsten sind die hermeneutische Auffassung des Holocaust und das Konzept des Verfassungspatriotismus, auf welche ich bei der abschließenden Erörterung der paradoxalen Struktur von historischer Nahbeziehung und Fernbeziehung zurückkommen werde.

Der philosophische Universalismus war der allgemeine gedankliche Rahmen, innerhalb dessen seit den sechziger Jahren geschichtliche Motive, Geschichtlichkeit, Geschichte und deutsche Geschichte insbesondere, als Kriterien in Frage gestellt worden sind. Unmittelbar politischer wirkte die Nouvelle vague der Geschichtswissenschaft selbst, die sich als Sozialwissenschaft verstand und noch sehr viel konkreter mit dem das Fach beherrschenden Historismus der Nachkriegszeit abrechnete. Das geschah vor dem Hintergrund einer Krise des Faches selbst, das Reinhart Koselleck 1969 mit der Frage konfrontierte: »Wozu noch Historie?« Für unsere Frage überaus vielsprechend hat die westdeutsche Nachkriegshistorie der älteren Generation zunächst auf das Konzept des klassischen Historismus zurückgegriffen, um, wie Jörn Rüsen es formulierte, »die bedrohte historische Identität der Deutschen zu stabilisieren«.

Das konnte nicht gelingen, weil sich dabei eine idealisierende Ansicht von der kulturellen Kontinuität der deutschen Kultur ausdrückte, die im Nationalsozialismus nur eine kriminelle Unterbrechung dieser Kontinuität, die Ausnahme von der Regel, sah. Es war genau diese in der Tat gerade auch unter hermeneutischem Gesichtspunkt nicht überzeugende Konzeption von historischer Kontinuität und Fernbeziehung, gegen welche nunmehr eine gerade von der scheinbaren Ausnahme ausgehende, weniger narrativ, sondern strukturalistisch vorgehende gesellschaftswissenschaftlich orientierte Historik sich richtete, die durch die Namen Hans Mommsen und Hans-Ulrich Wehler hinreichend und prominent gekennzeichnet ist, mit erheblichen Einflußressourcen.

Ohne auf diese durch Klarheit der Strukturierung und Klarheit des Urteils geprägten neuen Darstellungen geschichtlicher Epochen, vor allem des 19. und 20. Jahrhunderts, einzugehen, sind dennoch zwei kardinale Motive bezüglich der Erinnerungslosigkeit zu nennen. Erstens: Die deutsche Geschichte wird perspektiviert zur Vorgeschichte des Dritten

Reiches. Zweitens: Eine deutsche Geschichte vor der Bismarckschen Reichsgründung existiert in dieser Perspektive eigentlich nicht, mehr noch: Die Begriffe »deutsch« und »deutsche Nation« werden als historisch obsolet disqualifiziert. Zunächst ist zu erkennen, daß eine von der Soziologie inspirierte Geschichtswissenschaft ohnehin für die Erinnerung historisch ferner Zeiten notwendigerweise wenig Interesse aufbringt. Die deutsche Nachkriegssoziologie hat als Gesellschaftsanalyse der Gegenwart keine Beziehung zum historischen Gedächtnis. Und je mehr sich Geschichtswissenschaft dem Interesse der Gesellschaftsanalyse annähert, um so mehr verliert auch sie die Erinnerung.

Insofern kann man das einseitige Gegenwartsinteresse wie folgt zuspitzen: Indem dieses Gegenwartsinteresse vor allem determiniert ist durch soziale, ökonomische, strukturpolitische Elemente, schmilzt auch die Darstellung einer vergangenen Gegenwart zum Planquadrat dieser Determinanten. Alles heterogen Vergangene wird homogene Gegenwart. Hans-Ulrich Wehler hat es seinerzeit mit schöner Eindeutigkeit wie folgt formuliert: Geschichtswissenschaft, die sich als kritische Gesellschaftswissenschaft versteht, trage zwar den verschiedenen »Temporalstrukturen« – hier übernimmt er einen Begriff Kosellecks – der Geschichte »voll Rechnung«, möchte aber »vor allem auch bewußt zur Schärfung eines freieren, kritischen Gemeinschaftsbewußtseins beitragen«. Auf den ahistorischen, das heißt ideologisch interessierten Punkt gebracht: »Hier wird sowohl nach dem Sinn gefragt, an dem historische Akteure im Erfahrungshorizont ihrer Zeit sich orientiert haben, als auch nach demjenigen Sinn, den historische Aktionen unter theoretischen Gesichtspunkten von heute annehmen können.« Die Terminologie und Engführung der Begriffe »Sinn«, »Erfahrungshorizont ihrer Zeit« und »theoretischer Gesichtspunkt« kann heute nicht mehr die hochgradig ideologische Einfärbung, sprich Geschichtspädagogik, verbergen, entsprach damals aber in aller Unschuld dem selbstverständlich gewordenen Moralismus, über die Geschichte nach Maßgabe eines »Sinns« zu urteilen.

Damit kommen wir zum intentional gehaltlichen Gesichtspunkt der stattgehabten Erinnerungsschmelze. Wehlers Untersuchung der zunächst von Bismarck, dann Kaiser Wilhelm II. und dem deutschen Generalstab geprägten langen Epoche vor dem Ersten Weltkrieg, steht bei aller objektiven Distanz selbstredend wenn nicht im Schatten, so doch in der Einzugschneise von Fritz Fischers epochemachendem, 1961 erschienenem Werk *Der Griff nach der Weltmacht. Die Kriegspolitik des kaiserlichen Deutschland 1914 bis 1918*, in dem die nicht enden wollende Debatte über die Kriegsschuldfrage ein für allemal (mit schwerwiegenden neuen Hinweisen auf die kriegsvorbereitenden Maßnahmen des vom Parlament nicht mehr kontrollierten deutschen Generalstabs) zu Lasten der deutschen Führung entschieden schien. Jedenfalls war der historisch-genetischen Erklärung, also dem von W. Dray aufgestellten »Modell der stetigen Reihe«, am brisantesten Beispiel, das denkbar war, recht gegeben. Vor allem war damit das historische Konzept einer nur unterbrochenen kulturellen Kontinuität endgültig ad absurdum geführt. Die Einsicht über den Zivilisationsbruch Hitler wurde zeitlich zurückgelegt. Mit der Diskussion um die deutsche relative oder primäre Kriegsschuld am Ersten Weltkrieg begann die Reduktion von deutscher Geschichte auf Schuldgeschichte aus ihrer unprofessionellen Nachkriegsphase, in der die Reihe Luther – Friedrich der Große – Bismarck – Hitler aufgemacht worden war, in die professionelle Phase überzutreten. Auch wenn sich dabei der Tonfall pathetischer Anklage oder Selbstanklage verlor, so war dennoch der staatszentrierende Nationalcharakter der deutschen Geschichte endgültig aufgegeben, und die Konzentration auf das 19. Jahrhundert bedeutete, dieses immer mehr als Vorgeschichte zu verstehen, die ihrerseits eigentlich keine Vorgeschichte mehr hatte: Die drei Jahrhunderte der frühen Neuzeit zwischen Reformation und Französischer Revolution finden im deutschen Geschichtsdenken seit längerem fast nicht mehr statt. Das Mittelalter ist dem Publikum trotz Arno Borst, Arnold Esch und Heinz Thomas vollends entrückt, zumal es bei der universitären Ausbildung der Deutschlehrer keine Pflichtepoche mehr darstellt. Selbst aktuelle Darstellungen der deutschen Geschichte aus der Feder von Historikern, die nicht zur normativ-moralisierenden Fraktion gehören, sind charakterisiert durch die Abwesenheit von Fernerinnerung und die Überlänge der Naherinnerung namens Bundesrepublik. Die Moral davon: Das Gute hat sich durchgesetzt, das Böse ist gebannt. Diese Moralistik wird verdeckt durch den schon erwähnten Umstand, daß die Gegenwart unserer Epoche immer breiter geworden ist und dadurch die Vergangenheit kürzer.

Paradoxale Erinnerung

Schon bei der akademischen Behandlung der deutschen Geschichte des 19. und 20. Jahrhunderts ist also folgende defizitäre Zeitauffassung erkennbar: Deutsche Geschichte wird, indem sie als Vorgeschichte funktionalisiert ist, gleichzeitig zur Nichtgeschichte annihiliert. Es ist unabwendbar eingetreten, was ein Pariser Intellektueller wie Alain Finkielkraut kürzlich mit einem Anflug von Fassungslosigkeit abzuwehren versuchte: nämlich der Sog des Verschwindens der deutschen Nationalgeschichte. Und zwar nicht als ein punktueller, kulturrevolutionärer Impuls, dem es um Regenerierung der toten Tradition geht, wie in Nietzsches Historismus-Kritik nach dem Deutsch-Französischen Krieg 1870/71, und auch nicht um eine utopistische Verneinung der für tot erkannten Tradition, wie im Falle des französischen Surrealismus nach dem Ersten Weltkrieg. Dies alles geschah auch im Namen eines Modernismus, dem ohnehin Geschichte aus dem Blick entschwand. Diese Situation hat sich geändert, so daß Umberto Eco in seinem Historienroman *Der Name der Rose* sagen konnte: »Es kommt jedoch der Moment, da die Avantgarde (also die Moderne) nicht mehr weitergehen kann, weil sie inzwischen eine Metasprache hervorgebracht hat, die von ihren unmöglichen Texten spricht (die Concept Art). Die postmoderne Antwort auf die Moderne besteht in der Einsicht und Anerkennung, daß die Vergangenheit, nachdem sie nun einmal nicht zerstört werden kann, da ihre Zerstörung zum Schweigen führt, auf neue Weise ins Auge gefaßt werden muß: mit Ironie, ohne Unschuld.«

Die Geschichtsverneinung der deutschen Nachkriegswissenschaft steht außerhalb dieses ironischen Diskurses. Zur Methode geworden ist die moralisierende Verneinung anstelle kritischer Akzeptanz, die in der Bundesrepublik inzwischen informelle Gesetzeskraft erhalten hat. Statt eine lange, oft düstere, immer interessante, ja beeindruckende Geschichte der Deutschen zu erinnern, glaubt man sie unter normative Kontrolle stellen zu müssen, das heißt als Geschichte zu beseitigen. Die aktuelle Verharmlosung Preußens als angeblich normaler Staat ist nur die Kehrseite der jahrzehntelangen Dämonisierung. Norm herrscht weiter über Geschichte. Diese Methode aus dem Geist der Negation und ihre erinnerungsauflösende Gewalt ist an drei aktuellen Diskursen der Geschichtspolitik zu erkennen, die in steigender Reihenfolge ihrer diskursiven Bedeutung auf ihre erinnerungsauflösende Funktion abschließend zu markieren sind: der Europa-Utopie, dem Verfassungspatriotismus und der Holocaust-Symbolik.

Europa-Utopie

Es bedarf nach dem bisher Ausgeführten keiner besonderen Begründung, warum die Europa-Idee von einigen schon genannten Repräsentanten des geschichtskritischen Universalismus und der gesellschaftswissenschaftlichen Historik trotz schwerer Einbußen an politischer Glaubwürdigkeit weiter im Sinne des Universalismus betrieben wird: weil sie die logische Folge der auf Annihilierung der deutschen Nationalgeschichte und des deutschen Nationalstaates gerichteten Interesses darstellt. Ursprünglich als Nachkriegsutopie der Deutschen zu verstehen, die sich im größeren Westen nach zwei gegen diesen geführten Weltkriegen endlich zu Hause fühlen wollten, enthielt das deutsche Projekt »Europa« noch traditionelle, bildungsbürgerliche Motive, die von der karolingischen Reichsidee bis zur kulturellen Idee europäischer Zentrallandschaften reichten. Schließlich, und das reicht in die aktuelle deutsche Europa-Werbung hinein, wurde eine romantische Ganzheitsvorstellung virulent, die auch die Mitteleuropa-Idee der Nationalsozialisten beeinflußte.

Was bei diesen unterschiedlichen Motiven – rhetorisch bis zuletzt das Nie-wieder-Krieg-Argument – charakteristischerweise unbedacht blieb, war die tiefe Differenz der Mentalitäten, der sozialen Verhaltensweisen, der historischen Tradition, der politischen Institutionen, kurz gesagt: die kulturelle Differenz zwischen den europäischen Nationen. Dies verwundert nicht: Wer die eigene kulturelle Identität über historische Fernverhältnisse hin keines Begriffs mehr für würdig erachtet, der übersieht leicht die kulturelle Identität der anderen europäischen Nationen, zumal wenn er keine differenzierte Erfahrung und Kenntnisse von diesen Kulturen hat, ob der französischen oder englischen. Besonders das unkomplizierte *dolce far niente* in Norditalien suggerierte deutschen Pendlern von Rang und Namen, es existierten überhaupt keine Nationen mehr, sondern nur noch Regionen, die einander ohne Rücksicht auf ihr jeweiliges Zentrum immer näher träten.

Solche Fantasien über die zunehmende Qualität der zentrifugalen Qualität ist das eine. Fantasien über die Gegenbewegung, nämlich Globalisierung der Wirtschaftsräume, wodurch die postnationale Situation ebenfalls entstehe, das andere. Man findet unter den prominenten Fürsprechern der zentrifugalen Region oder des postnationalen Wirtschaftsraums – unter ihnen sind abermals Historiker wie Hans Mommsen und Philosophen wie Jürgen Habermas besonders hervorgetreten – natürlich keinen, der nicht betonte, wie wichtig ihm die kulturellen Unterschiede seien, die Europa ja ausmachen. Aber dieses Zugeständnis liegt argumentativ auf der gleichen Ebene wie die Versicherung, der ästhetische Diskurs ließe sich ohne Schwierigkeiten dem der Vernunft integrieren. Daß die kulturelle Differenz Nationen nach wie vor in profunder Weise nicht bloß unterscheidet, sondern trennt, wird von den Anwälten einer zukünftigen politischen Union Europas fast obsessiv bestritten, wie sehr sie damit auch ihre europäischen Zuhörer inzwischen irritieren, um nicht zu sagen ihnen erneut verdächtig werden.

Die politische Substanz der Europa-Idee der angeführten deutschen Professoren entpuppt sich vor allem in ihrer Funktion: Sozialwissenschaftliche Kriterien sollen gegen kulturelle, ja politisch-historische die Oberhand gewinnen. Die Ahnungslosigkeit bezüglich des Verfahrens und der Institutionen eines zukünftigen Europas ist ausgerechnet bei Anwälten der europäischen Freiheit besonders entlarvend! Da verwundert es nicht, daß die Genesis jeweiliger nationaler Provinzen zum jeweiligen Nationalstaat als Modell für die Genesis der einzelnen europäischen Nationalstaaten zum Gesamtstaat Europa ausgerufen wird. Welch *wishful thinking* aus dem Geist des naiven Universalismus! Treibende Kraft beider Argumente für eine postnationale Zukunft der europäischen Nationen ist aber nicht allein die Logik der ökonomischen Priorität, sondern die Obsession, den deutschen Nationalstaat sozusagen im Einklang mit einer teleologisch gesehenen Geschichtsentwicklung verschwinden zu sehen.

Verfassungspatriotismus

Der seit einigen Jahren berühmt gewordene, von Dolf Sternberger im Sinne seines historisch wohlreflektierten Bürgersinns erfundene, von Jürgen Habermas aber erst eigentlich politisch definierte Terminus beleuchtet besonders aufschlußreich die Strategie, historisch-kulturelle Identität zu Gunsten aktuell-gesellschaftspolitischer verschwinden zu lassen. Dabei ist schon die Voraussetzung hierzu, nämlich die Annahme, deutsche Nationalität habe im Nationalismus des 19. Jahrhunderts ihren prekären Grund, erkennbar irrig.

Ganz abgesehen davon, daß sich ein deutscher Patriotismus schon in der Epoche des »fritzisch« gesinnten jungen Goethe, ja im Humanismus der Hutten & Co. zu Wort meldete, ist es kurzschlüssig, Nationalität ausschließlich abhängig machen zu wollen vom jeweils epochenspezifischen Bewußtsein davon. Es ist vielmehr kaum zu bestreiten, daß ein auf welch frühere Epoche auch immer fallender Blick von heute kulturelle Identifikationen vornimmt. Das Bestehen auf dem tautologischen Hinweis, vor dem 19. Jahrhundert habe es ohnehin keine Nation im modernen Sinne gegeben, gilt für alle europäischen Völker, nichtsdestotrotz ist ihre differente Nationalität schon seit dem hohen Mittelalter deutlich erkennbar und wurde auch schon zu dieser Zeitphase namentlich benannt.

Vor diesem eminent ideologischen Background wird der schmale Grat, auf dem der auf die Verfassung reduzierte Patriotismus balanciert, überdeutlich. Ein solch generalisierbares Recht produziert keine affektive kollektive Besetzung, wie sie für den Begriff Patriotismus nun einmal in Anspruch zu nehmen ist. Ohne historische Tiefendimension kann sich Patriotismus nicht entfalten.

Das ließe sich am unverdächtigen, gleichzeitig aber besonders einschlägigen Beispiel des französischen Patriotismus erläutern: Zweifellos ist er historisch in unmittelbarem Kontext mit der Französischen Revolution, das heißt mit dem Stolz auf die republikanische Verfassung und der in ihr garantierten Prinzipien der Gleichheit, Freiheit und Brüderlichkeit entstanden. Insofern könnte man ihn als erstes Paradigma für einen modernen Verfassungspatriotismus nehmen. Aber dies bliebe eine Reduktion, ja eine Verfälschung der Komplexität. Die Behauptung, dieser Stolz beruhe ausschließlich auf den genannten Verfassungsgarantien, läßt sich schwerlich halten. Es ist selbstevident, daß jener Stolz charakteristischerweise einen tiefergehenden Ursprung hat, bei dem kulturelle und psychologische Momente ins Erinnerungsspiel kommen. Mit anderen Worten: Es handelt sich heutzutage ohnehin, aber auch schon vor zweihundert Jahren um ein historisches Fernverhältnis. Insofern geht der Vorschlag eines Verfassungspatriotismus als den Deutschen einzig verbliebene Möglichkeit konform mit der radikalen Negierung von Fernerinnerung.

Holocaust-Symbolik

Damit kommen wir nun zum Dreh- und Angelpunkt des paradoxalen Verfahrens, Erinnerungslosigkeit herzustellen, indem man eine unmittelbare Naherinnerung anhält und auf ewig stellt. Die auf den Nationalsozialismus konzentrierte Geschichtserinnerung bedeutete, so sahen wir, eine radikale Reduktion der Nationalgeschichte. Die Erhebung des Holocaust zum eigentlich archimedischen Punkt der deutschen Geschichte radikalisiert diese Reduktion noch einmal so sehr, daß der dabei unterschwellig wirkende oder offen zutage tretende Gedanke zum Vorschein kommt, erst durch eine reinigende Selbstvernichtung wieder neu erstehen zu können. Mit dem Holocaust, so die Idee, hat sich die deutsche Nation selbst moralisch vernichtet. Also kann ihre moralische Wiederauferstehung nur mittels eines negativen Gründungsmythos geschehen, der von der deutschen Geschichte nichts übrigläßt als diese einzige, sie auslöschende neue Gedächtnisquelle. Inwiefern ist dies nicht einleuchtend, auch wenn nicht zu leugnen ist, daß deutsche Geschichtserinnerung an dieser Gedächtnisquelle nicht vorbeikommt, ja ihr gewissermaßen eine hermeneutische Funktion einräumen muß? Richard Rorty hat die Frage, bezogen auf die amerikanische Nation, aufgeworfen, ob es Taten gibt, die jede weitere Selbstachtung ausschließen, ob es Taten gibt, die man selbst um den Preis seines eigenen Lebens nicht begehen sollte. Und wenn man sie begangen habe, ob man damit weiterleben könne. Die Antwort, die er im Anschluß an seinen philosophischen Lehrer Dewey zu geben versucht, lautet: »Wer eine solche Tat begangen hat, sollte nicht in bodenloser Selbstverachtung weiterleben, nicht entsetzt auf die eigene Vergangenheit starren, sondern ein Handelnder bleiben, der eine solche Tat für immer ausschließen kann.«

Wende ich dieses Paradigma – durchaus eingedenk der Differenz zwischen deutscher und amerikanischer Vergangenheit – auf den deutschen Holocaust-Diskurs an, dann wird folgendes erkennbar: Erstens: Die Deutschen sind, um die Tat abzuwehren, nicht gestorben. Zweitens: Sie tun nunmehr alles, um eine Wiederholung zu vermeiden. Drittens: Sie tun dies aber nur mit einer gleichzeitigen Selbstverachtung, ja Selbstvernichtung, indem die ursprüngliche Sünde, die Tat unter Aufopferung des Lebens nicht vermieden zu haben, symbolisch aufgewogen werden soll. Sie verhalten sich also nicht nach dem kämpferisch-pragmatischen Modell Deweys/Rortys, aber auch nicht nach dem tragischen Modell, sondern wie es hierzulande Tradition wurde – eskapistisch, das heißt, sie setzen Moralismus an die Stelle der Geschichte, wollen Geschichte aufheben, um den Folgen zu entkommen. Mit anderen Worten: Moralisierung bedeutet gerade, die düstere Seite der deutschen Geschichte zu rationalisieren. Dies impliziert eine unbewußte, gleichwohl obszön wirkende Symmetrie dergestalt, daß der tatsächlich fast gelungenen Auslöschung des jüdischen Volkes die symbolische Auslöschung der deutschen Geschichte entspricht. Dies bedeutet jedoch einen Widerspruch zur Sühnesymbolik des Holocaust-Diskurses selbst, der in folgendem besteht: Indem das Geschichtsbewußtsein sich nur auf eine Naherinnerung konzentriert, dabei aber die vielen anderen, zeitlich zurückliegenden Erinnerungsquellen ausschaltet, entsteht kein eigentlicher Gedächtnisraum, sondern eine neurotisch wirre Zone. Das Gedächtnis der Deutschen auf den Holocaust zu fokussieren nimmt ihnen die Kraft des Gedächtnisses als Ganzes und also auch die Kraft, den Holocaust in ihr nationales Selbstverständnis aufzunehmen. Denn Gedächtnis liegt nur dort vor, wo es ein Gedächtnis von vielem gibt. Gedächtnis, das nur einem Einzigen gilt, verdient den Namen nicht, das ist eigentlich jedermann einsichtig. Es wäre kein Gedächtnis, wenn die dafür notwendige ruhige, weitschweifende Reflexivität fehlt.

Was an seinen Platz tritt, ist dessen Gegenteil: Obsession bzw. Lähmung. Es wiederholt sich, was die Mitscherlichs mit Bezug auf das Verhalten der Deutschen unmittelbar nach dem Zweiten Weltkrieg als »Rückzug der affektiven Besetzungsenergie« beschrieben haben. Anders ausgedrückt: Das Verschwinden jeder emotionellen Beziehung zur eigenen historischen Vergangenheit – so wäre zu schließen – betrifft inzwischen nicht mehr bloß die unmittelbare Zeit vor der Stunde Null, sondern alle Zeiten davor.

Es stellt sich natürlich die Frage, ob und wann ein solches Gedächtnis des Vielen und des Einen, des zeitlich Nahen und des zeitlich Fernen möglich sein wird. In Konsequenz der hier beanspruchten historisch-kulturellen Erinnerung sind die inzwischen emotionell und intellektuell verinnerlichten letzten dreißig Jahre des Kurzzeitgedächtnisses, in denen die universitäre und publizistische gesellschaftskritische Intelligenz das öffentliche Bewußtsein weitgehend geprägt hat, nicht einfach negativ zu betrachten. Ein solcher Revisionismus verfiele in den gleichen Fehler, der dem philosophischen Universalismus und historischen Moralismus vorzuhalten ist. Und schließlich: Wäre das – wie man gerne sagt – erste politische System auf deutschem Boden, das wirklich gelungen ist, nicht die beschriebene Erinnerungslosigkeit wert? War Erinnerungslosigkeit gar die Bedingung für dieses Gelingen? Mit anderen Worten: Wir werden alle für lange Zeit noch als unserer Geschichte unsichere Kurzzeitmenschen recht und schlecht zurechtkommen.

Wir werden also keine neuen Ufa-Filme über Heinrich IV. vor Canossa oder Luther vor dem Reichstag, geschweige denn Friedrich den Großen vor Leuthen fordern. Schon deshalb nicht, weil die Mehrheit des heutigen Kinopublikums mit diesen historischen Ereignissen nichts mehr anzufangen weiß. Wie die Walser-Debatte gezeigt hat, nicht zuletzt Martin Walser selbst, gibt es in Deutschland vorläufig und absehbar nur die kurze Zeit der individuell verinnerlichten bundesrepublikanischen Lebenszeit. Wer aber die Rituale der Trauer fordert – und das tut gerade die gesellschaftskritische Intelligenz –, der muß erkennen lernen, daß dazu die Erinnerung der langen Zeit notwendig ist. Darauf ist zu hoffen. Zu erwarten ist es nicht.

Aber vielleicht kommt ja der schon erwähnte universelle Eintritt einer auf ewig gestellten Gegenwart zu Hilfe, wenn es überall keine Zukunft und keine Vergangenheit mehr gibt. Dann hätte sich nämlich das bundesrepublikanische Kurzzeitgedächtnis als die letzte Avantgarde herausgestellt.

II. Historische Trauer und poetische Trauer

Montaigne hat im ersten Buch seiner *Essais* unter dem Titel »De la Tristesse« eine kategoriale Differenz gefunden, die den Begriff der Trauer, sei es poetische, sei es historische, angemessen angehen läßt. So erzählt Montaigne die Geschichte jenes antiken Herrschers, der, angesichts der Hinrichtung seiner unmittelbar liebsten Angehörigen gelassen scheinend, anläßlich des gleichen Schicksals von nur entfernt Stehenden aber in unmittelbare Zeichen der Trauer ausbrechend, von seinem königlichen Widersacher über den Grund solcher Verhaltensdifferenz gefragt, antwortete: Nur die geringere Verletzung könne in Tränen ausgedrückt werden, während die größere »jedes Maß des Ausdrückbaren« überschritten habe. Montaigne erhebt diese anthropologisch-psychologische Beobachtung aus der Geschichte zur Allgemeinheit auch eines ästhetischen Gesetzes, indem er den Historienfall dem Fall jenes Malers analogisiert, der die Gesichtszüge des Trauernden verhüllt wiedergab, weil Gesichtszüge das hier einbrechende Maß von Trauer nicht wiedergeben könnten. Mit der Wiedergabe einer psychologisch-historischen und einer künstlerischen Reaktion auf Traurigkeit oder Trauer auslösende Ereignisse möchte ich den Unterschied zwischen poetischer und historischer Trauer nicht relativieren, sondern eine Gemeinsamkeit vorausstellen: Trauer ist immer, ob poetische oder historische, ein Problem des Ausdrucks, und das heißt der Form.

Historisches und poetisches Gedächtnis

Indem man historische und poetische Trauer in den Vergleich setzt, setzt man nicht nur Geschichte und Literatur ins kontrastierende Verhältnis, sondern impliziert in dem beiden gemeinsamen Bestimmungsmerkmal, Gedächtnis, eine scheinbare Nähe. Zum Verhältnis der Begriffe Poesie, Geschichte und Gedächtnis helfen bei unserer Frage weder die berühmte aristotelische Unterscheidung weiter, wonach die Poesie philosophischer sei als die Geschichte, da sie vom Allgemeinen, letztere vom Besonderen spreche, noch die Annäherung beider Diskurse, wie sie Hayden White vorgenommen hat, wonach auch die Geschichtsschreibung einem literarisch-rhetorischen Muster, das heißt einer metaphorischen Präfiguration folge. Ohne dem hier weiter nachzugehen, ist als Vorbereitung auf die Betonung der Differenz zu sagen, daß die Whiteschen Hinweise auf die der Literatur und der Geschichtsschreibung angeblich gemeinsamen metaphorischen Eigenschaften sich zum einen ausschließlich an Grenzfällen der Geschichtsschreibung zum historischen Essay hin und zum anderen nur an Beispielen des 19. Jahrhunderts, also im Sinne des realistischen Romanparadigmas, dartun lassen. Die Literatur der klassischen Moderne dagegen läßt eine solche Analogisierung nicht zu, weil nunmehr auch das, was zum Vergleich ansteht, die Geschichtsschreibung, sich endgültig vom Essay entfernt hat. Ist die Metapher in der modernen Literatur absolut geworden und hat sich als Signifikant vom Signifikat als unmittelbarer Bezugsgröße vollständig gelöst, so liegt das im Falle der Geschichtswissenschaft eher umgekehrt: Auch wo es sich um Fallgeschichten der Oral History und dezentralisierte Sozialhistorie handelt, spielt die Metapher keine vergleichbare Rolle. Und dieser prinzipielle semantische Unterschied zwischen – wie wir entgegen einer in Schwang gekommenen Ähnlichkeitsrede verallgemeinern können – Wissenschaft und Kunstdiskurs wird auch an der für unsere Frage entscheidenden Kategorie, der des Gedächtnisses, erläutert.

Sagen wir es in einem Satz: Historisches Gedächtnis und der besondere Modus historischer Trauer ist immer objektiv, das heißt bezieht sich auf eine historische Referenz, während das poetische Gedächtnis und poetische Trauer diese objektive Referenz nicht besitzt. Dabei sei hier der besondere Modus des historischen Gedächtnisses noch dahingestellt, denn es stellt sich natürlich vorab schon die Frage, was denn mit dieser Form, eben der historischen Trauer, gemeint sein könnte: Ist es ein Zufall, daß einem dabei nur literarisch vermittelte Trauerreden einfallen wollen, angefangen mit dem grandiosen ersten Beispiel der europäischen Literatur, nämlich der attischen Tragödie, Aischylos' *Persern*, wie überhaupt die Trauerrede politischer Personen immer nur einer literarischen Gattung, nicht der Politik selbst unmittelbar entsprungen überliefert ist, sei es die von Thukydides überlieferte Rede des Perikles auf die Gefallenen Athens 427 vor Christus oder die Ruhmesrede Churchills auf die »Happy Few«, die für England gefallenen Jagdflieger in der *Battle of Britain* 1940? Und schließlich, um diese Problematisierung der Rede von historischer Trauer fortzusetzen: Ist es ein Zufall, daß der einzige Fall innerhalb der deutschen Geschichte mit einer Negation sich verbindet: nämlich der Unfähigkeit zu trauern, wobei die ideologische Verballhornung der ursprünglichen Mitscherlichschen Analytik in Rechnung zu stellen ist? Aber unabhängig vom besonderen Modus der Trauer ist die Einsicht, geschichtliches Gedächtnis betreffe objektive Referenzen, unmittelbar einsichtig. Wieso ist dies bei dem poetischen Gedächtnis nicht so? Wir übergehen hier die Beispiele, in denen scheinbar eine solche objektive Referenz gegeben ist, namentlich die epischen Behandlungen großer nationaler Kriege, angefangen von Homers *Ilias*, die bekanntlich aber nicht vorgibt, vom Trojanischen Kriege zu berichten, sondern vom Zorn des Peliden Achilleus, und endend mit Tolstois *Krieg und Frieden*, worin ebenfalls der Krieg eher eine rhetorische Kulisse bildet vor sehr psychologisch gesehenen Individuen. Überall hier ist die objektive Referenz nur eine scheinbare. Aber gehen wir mit der Bestreitung der Historie als Referenz für die Poesie weiter und sagen wir: Die poetische Erinnerung hat mit Erinnerung im chronologischen Sinne nichts zu tun. Der Erfinder der poetischen Modernität, Baudelaire, hat das Gedächtnis (»souvenir«) als das große Kriterium der Kunst genannt und Kunst eine Mnemotechnik des

Schönen *(Salon de 1846)*. Damit meinte er, daß Gedächtnis, wie es der Kunst eigen sei, nichts zu tun habe mit einem auf Realitätsspeicher hinweisenden Gedächtnis, sondern mit einem nichtmimetischen Vermögen, das Ästhetische hervorzubringen. Oder: Prousts für die Zeitobsession der modernen Literatur so signifikantes Werk, *À la recherche du temps perdu* ist keine Darstellung der französischen Gesellschaft um 1900, sondern die Darstellung einer spezifischen Erinnerung dieser Gesellschaft beziehungsweise eine Darstellung der Erinnerung an das Ich in dieser Gesellschaft. Die Zeit ist eine verlorene und wird als Kontinuum nie zurückgewonnen, sondern nur als Essenz des in der *mémoire involontaire* epiphan gewonnenen Gedächtnisaugenblicks. Diese epiphane Struktur ist das Kennzeichen aller Vergegenwärtigungen von Vergangenem in der modernen Literatur der zwanziger Jahre, bei James Joyce, bei Virginia Woolf und Walter Benjamin. Wir haben es also hier nie mit einem kulturellen Gedächtnis als Traditionsbewußtsein zu tun, sondern mit einer komplizierten Reflexionsstruktur.

Wenn man nun fragt, woran sich denn das poetische Gedächtnis gegenüber dem historisch-chronologischen vor allem als unterschieden erweist, dann stößt man über die schon genannte Kategorie der epiphanen *mémoire involontaire* auf den Imaginationsbegriff: Gedächtnis gleich poetischer Imaginationsstätte. In der vorwissenschaftlichen Phase dieser Gleichung war es vor allem wieder der unverwüstlich scharfsinnige Montaigne, der Gedächtnis als pures Erinnerungsvermögen, auch das Gedächtnis von kulturellem Wissen, scharf unterschied von der eigentlichen Kraft der Imagination. Ja indem er sich selbst als einen bar jedes Erinnerungsvermögens operierenden Geist darstellte, hat er geradezu die Nichtkompatibilität von Erinnerung und Imagination zum Theorem erhoben. Das war zunächst auch eine Distanzierung des humanistisch-gelehrten Wissensreservoirs der Renaissance, obgleich Montaigne mit diesem selbst argumentativ zu spielen verstand. Als Montaignescher Oppositionsbegriff zur Erinnerung ließe sich auch Urteilskraft, Subjektivität und Praxis nennen. Damit war aber auch die ehrwürdige Tradition der mythologischen Gleichsetzung von Poesie und Mnemosyne – Memoria –, von Dichtung und Erinnerung also, neu überprüft, die für Hölderlin nach wie vor Gültigkeit besaß, denn »Erinnerung« war ihm ebendas Medium, in dem die »Seele« des Dichters den »Geist der Götter« in »Tiefen der Zeit« *(Wie wenn am Feiertage)* erahnt.

Aber auch Hölderlin faßt diese Erinnerung nicht als abrufbares Reservoir von Bildern, sondern als epiphanes Ereignis: Die Seele »erbebt« von Erinnerung, ja selbst die Blitzmetapher tritt an analoger Stelle auf, so daß man durchaus von einer Präfiguration der *mémoire involontaire* sprechen könnte, möglicherweise auch als Nachhall von Platos Erinnerung der Seele, denn von Repräsentation des Erinnerten in der Schrift ist auch bei Hölderlin nicht die Rede. Gleichwohl zeigt das Gedicht *Mnemosyne* die Akkumulation von mythischen Bildern und auch das Bewußtsein von der Gedächtnispflicht des Dichters gegenüber dem Vergangenen, so wie dies auch noch in Rilkes *Duineser Elegien* ausgedrückt ist. Konzepte von Erinnerung, die sich auf den Inhalt beziehen, sind eigentlich unpoetisch. Das auf die Form Bezogene wurde zum eigentlich entscheidenden: nicht Reservoir, sondern Produktionsstätte.

Diese Konzeption wurde in der wissenschaftlichen Untersuchung der Gedächtniskunst und der mnemotechnischen Unterscheidung von Gedächtnisorten und Gedächtnisbildern behandelt, die durch Francis Yates' Buch *The Art of Memory* (1966) wieder aktuell wurde und seit Beginn der neunziger Jahre vor allem durch die Initiative von Renate Lachmann und durch den Poetik-und-Hermeneutik-Zirkel. Wollte man die Montaignesche Polemik gegen das Gedächtnis als Reservoir und das Plädoyer für das Gedächtnis als Subjektivität zur Grundlegung der modernen Auffassung vom Zusammenhang von Poesie und Gedächtnis nehmen, dann müßte sich in der modernen Literatur tatsächlich eine weitgehende Enträumlichung und statt dessen Verzeitlichung, genauer: Momentanisierung des poetischen Gedächtnisses, einstellen. Aber so einfach liegen die Dinge nicht. Zwar hat Hegel die romantisch-moderne Auffassung des poetischen Gedächtnisses eben im Sinne der Subjektivität kanonisiert, indem er in Abwendung von der Magazinmetapher der Memoriarhetorik vom »Schacht meiner Innerlichkeit« sprach (§ 452 der *Enzyklopädie*) und das »produktive Gedächtnis«, das die Zeichen hervorbringt, von der bloßen Erinnerung, die die Bilder bewußtlos aufbewahrt, unterschied. Man ist geneigt, die Hegelsche Auffassung vom subjektgesteuerten Gedächtnis als Fortsetzung der Montaigneschen Kritik der Faktenerinnerung für die endgültige Version der Zuortbarkeit von Poesie und Gedächtnis zu nehmen, wobei Montaigne sich, was die Geistidentität des Ichs betrifft, von Hegel durch eine quasi postmoderne Skepsis auszeichnend unterscheidet; dadurch entbehrt seine Vorstellung von produktiver Subjektivität des dialektischen Zwangsmechanismus, in dem diese bei Hegel verankert ist, und daher wurde sie selbst von den letzten Bewegungen des Gedächtnisdiskurses nicht überholt. Denn wie vor allem Rainer Warning und Klaus Reichert gezeigt haben, ist die moderne Literatur von James Joyce bis Claude Simon durchaus von einer Reaktivierung des antiken Gedächtnisraumes gekennzeichnet, den Hegel so verächtlich als überholt abtat.

Das hat etwas mit der Krise zu tun, in die eben die Hegelsche Subjektivität und Ich-Priorität durch die Literatur der klassischen und vor allem der postmodernen Moderne geriet.

Das Gedächtnis als Produktivität, aber von Ich-Priorität gelöste Produktivität, vor allem aber selbstreferentielle, also nicht mimetische Geschichtsorte und Geschichtszeiten abbildende Produktivität, ist paradigmatisch an dem metaphorisch-literarisch wie bewußtseinsanalytisch bedeutenden Roman von Claude Simon *La route des Flandres* (1960) zu erkennen, dem als Stoff der Zusammenbruch der französisch-britischen Armee im Frühjahr 1940 vor der belgisch-französischen Kanalküste zugrunde liegt. Die erzählte Geschichte wird, wie Rainer Warning es darstellte, entchronisiert, und die einzelnen Phasen werden neu montiert mit der Pointe, die den Nouveau roman insgesamt kennzeichnet: daß Geschichte selbst keinen Sinn offenbart, sondern uns nur zufällt. Und dafür wird der antike Gedächtnisraum als ein »anderer Raum«, nämlich als einer der produktiven Analogisierung des Nichtanalogen, etwa Krieg und Liebe, aus seinen Phantasiestätten reaktiviert. Die Geschichte enthält keinerlei referentielle Bezugsgrößen mehr, sondern die Bilder entstammen einem »formlosen Magma ... mehr oder weniger angehäuften Erinnerungen«. Es handelt sich weniger um die Intention des schreibenden Subjekts als um die Eigendynamik der Wörter! Es ist ersichtlich, daß bei solcher repräsentationslosen Schreibweise Erinnerung nicht als Abbildung einst gesehener Kriegsbilder funktioniert, sondern als Imaginationsmethode heterogener Bildassoziationen, wobei als durchgängige Konstante die Analogisierung von Kriegs- und Sexualitätsbildern auftritt. Aber nicht etwa im Sinne einer kulturkritischen Formel, sondern im Sinne eines traumatischen Effekts. Ohne auf die metaphorischen Details des Imaginationsverfahrens einzugehen, dürfte in summa deutlich geworden sein, wieweit auch die Gedächtniskunst, wo sie sich des antiken Paradigmas bewußt ist, kein Gedächtnis von historischer Zeit entwickelt, wie historisch bewußt ihre Autoren auch sein mögen. *La route des Flandres* oder *L'Acacia* enthalten zwar für den Historiker vielfältige Aufschlüsse über den Zustand der französischen Armee in den Jahren 1914 und 1940, über die Mentalität von Offizieren und Mannschaften. Im letzten Roman Simons, *Le jardin des plantes*, in dem abermals der Zusammenbruch der französischen Armee erinnert ist, sind sogar Protokolle des Generals Rommel dokumentarisch montiert. Aber all diese historischen Referenzen machen die vorwaltende Erinnerung nicht zu einer historischen, vergleichbar etwa der Erinnerung von Marc Bloch, die unter dem Titel *L'étrange défaite. Témoignage écrit 1940* thematisch durchaus vergleichbar wäre mit dem Stoff Claude Simons, zumal der Diskurs Blochs von größter subjektiver Reflexionskraft ist.

Wenn denn historische und poetische Erinnerung zwei völlig verschiedene Bewußtseins- und Diskursformen sind, dann gilt dies notwendigerweise auch für ihre jeweiligen Formen, Trauer auszudrücken. Es geht also nur noch um das Wie, und dieses sei mit generalisierendem Blick an einem literarischen Beispiel der Trauer dargelegt, das für den Vergleich beider Diskursformen besonders geeignet erscheint, handelt es sich doch um die Erinnerung an eine im Holocaust endende Liebesgeschichte: Giorgio Bassanis Roman *Die Gärten der Finzi-Contini* (1962), also fast zum gleichen Zeitpunkt erschienen wie Claude Simons *La Route des Flandres.* Zuvor ist festzuhalten, daß die Trauerrede in der europäischen Literaturgeschichte schon als Gattung eine Konstante bildet, die von der römischen Consolatio an gilt. Insofern steht die moderne poetische Trauer vor einer Tradition, die sie allerdings im Zeitmodus überbietet.

Bei Bassani handelt es sich um die betont aus der Erinnerung einer Nachkriegszeit wiedergegebene Darstellung einer nie wirklich realisierten Liebe des erzählten Ichs – nennen wir es ohne Skrupel Erzähler – zu einem gleichaltrigen jungen Mädchen, Schülerin und Studentin sowie Tochter aus einem der ersten jüdischen Häuser in Ferrara. Die Zeit, in der diese Geschichte spielt, ist die der zwanziger und dreißiger Jahre, die Epoche des italienischen Faschismus und der Vorzeit des Zweiten Weltkriegs mit dem a priori anwesenden Schatten der Vernichtung in den vierziger Jahren. Der zeithistorisch-politische Rahmen könnte nicht größer sein, ganz zu schweigen vom Pathos, das mit dem Schicksal der jüdischen Heldin von Beginn an gesetzt ist. Es wird auch die langsame Veränderung im politisch-psychologischen Klima mit fast dokumentarischer Genauigkeit gesetzt – von anfänglich noch waltender Zivilität, die mit der italienischen Kultur gegeben war, zur allmählichen Bedrohung des jüdischen Bürgertums, selbst solcher Teile, die das gesellschaftliche Prestige der Finzi-Contini besaßen. Es werden auch andere atmosphärische und soziologische Elemente innerhalb dieses jüdischen Bürgertums und seines Verhältnisses zur nichtjüdischen Einwohnerschaft Ferraras so deutlich, daß Zeithistoriker aus diesen Partien des Romans Hinweise für die Sozialgeschichte Italiens zwischen den beiden Kriegen gewinnen könnten. Schließlich – und dies scheint für die objektive geschichtliche Referentialität des Romans von größtem Belang – geht dem Haupttext ein Prolog voraus, in dem alles Folgende *historisch* perspektiviert und sein Trauermodus kontemplativ wie ein Gedenkstein gesetzt ist.

Aber aus diesen objektiven historischen Elementen speist sich nicht eigentlich die Trauer des Textes. Vielleicht müßte man sogar sagen, daß die Trauer, die der Erinnerung hier entspringt, nämlich die Trauer des erinnernden Schriftstellers, sich gegen die Trauer des erinnernden Zeitgenossen durchgesetzt hat, daß wir hier paradigmatisch die Differenz zwischen historischer und poetischer Trauer am gleichen Sujet studieren können. Warum taucht diese Differenz hier auf? Da ist zunächst einmal das Faktum, daß die Geschichte einer lautlosen und unmerklich-diskreten Amour des Schülers und Studenten zur eigentlich immer unerreichbaren, aber für Augenblicke eines Blicks, eines Gesprächs, eines Nachmittags erreichten Liebe wird, ohne daß dabei jemals Faktoren der epochalen Zeit eine Rolle spielen. Es ist vielleicht von ausschlaggebender Bedeutung für diese epochale Zeitbestimmung ausschließende Darstellung der Beziehung beider, daß der lokale Rahmen immer wieder der große Garten des Anwesens der Finzi-Contini ist, dessen ornamentales Zentrum, ein Tennisplatz, auf dem man sich mit Geschwistern und Freunden zum Spiel trifft, die soziale und zeithistorische Abgehobenheit der geschilderten psychischen Vorkommnisse noch betont: Garten und Spiel sind seit jeher die symbolischen Zeichen einer kontemplativen, der Melancholie nahen Sphäre, die Erinnerung immer schon mit Trauer gleichsetzt.

Denn was heißt Erinnerung anderes als Vergegenwärtigung eines nicht mehr Gegenwärtigen? Damit komme ich zum zentralen Punkt poetischer Trauer. Diese ist im Falle des Bassanischen Romans natürlich allein schon im ausdrücklichen Vergegenwärtigen einer wunderbaren Vergangenheit gegeben, deren Verschwundensein durch den Epochengrund der Ermordung um so furchtbarer wird. Aber der Epochengrund und eine aus aller Humanität sich entfernt habende Barbarei ist nicht der zentrale Grund für den Schmerz.

Und es ist auch nicht jene jeder Erinnerung beigemischte Form von Elegie, wenngleich im Modus der Elegie schon das entscheidende Element liegt. Man muß es nur noch genauer situieren, nämlich folgendermaßen: Während die Elegie in der Rückerinnerung einstigen Glücks dieses Glücks noch einmal habhaft zu werden versucht, findet die Trauer, die hier statthat, ihren Grund darin, daß das jeweilige Präsens der erzählten Vergangenheit selbst schon unter dem Zeichen des Vergangenheitsmodus steht. Vergangenheit ist die einzige Perspektive des erzählenden und des erzählten Bewußtseins. Jede Erfahrung ist Abschiedserfahrung gegenüber der Gegenwart als spezifischer Modus einer radikal verinnerlichten Melancholie. Sie wird vom Helden wie folgt begründet: »Für mich zählte nicht weniger als für sie nicht so sehr der Besitz der Dinge als die Erinnerung an sie, die Erinnerung, mit der verglichen der Besitz an und für sich nur enttäuschend, banal und unzulänglich erscheinen kann. Wie gut sie mich verstand! Meine Sehnsucht, die Gegenwart *sofort* zur Vergangenheit werden zu sehen, um sie dann mit aller Muße lieben und anschauen zu können – sie teilte sie vollkommen. Es war unser Laster, nämlich dies: mit stets rückwärts gewandtem Kopf vorwärts zu gehen.«

Gegenwart sofort in Vergangenheit verwandeln, das ist die Formel der literarischen Trauer. Im Unterschied zur Elegie handelt es sich hier nicht mehr um das Bewußtsein von einem Langzeitverlauf, sondern Vergangenheit ist immer schon das Gegebene. Die gesamte Zeit ist als verlassen von ihrem eigenen Präsens gegeben. Jede Gegenwart ist Abschied von dieser Gegenwart. Und so werden in Bassanis Roman ständig

Abschiede dergestalt vorgenommen, daß die gerade geschilderte Gegenwart schon Vergangenheit ist und der erinnerte Augenblick schon in seiner Präsenz der einmalige und unwiederbringliche Augenblick war. Die Struktur solcher Umschlägigkeit schafft dann auch die für den gesamten Erzählverlauf charakteristische Stimmung, daß die Intensität eines gefühlten Präsens immer unter der Bedingung ihres Gewesenseins geschildert ist: »Vor einer Stunde erst hatte ich sie umarmt. Und schon war alles, wie immer, unwirklich und märchenhaft geworden, zu einem Ereignis, an das man nicht glaubt oder vor dem man sich fürchtet.« »Sei allem Abschied voran«, lautet Rilkes Formel im dreizehnten Sonett der *Sonette an Orpheus*, zweiter Teil. Wenn er in der zweiten *Duineser Elegie* fragt: »Und doch, wenn ihr der ersten Blicke Schrecken besteht und die Sehnsucht am Fenster, und den ersten gemeinsamen Gang, ein Mal durch den Garten: Liebende, *seid* ihrs dann noch?«, dann ist solcher Verdacht von der augenblicklichen Veränderung existentieller Zustände eine Bassanis Zeitbewußtsein analoge temporale Selbstwahrnehmung, sozusagen im Stil der zwanziger Jahre ontologisiert. Was bei Rilke als elegisches Bewußtsein vom Defizit menschlichen Seins in der Zeit auftritt, hat sich bei Bassani vierzig Jahre später in kontemplatives Bewußtsein von einem Apriori verwandelt, dessen unterschwellige Trauer gerade die Gegenwärtigkeit des Vergangenen ermöglicht: Die für immer vergangenen Augenblicke halten jeden gegenwärtigen Augenblick als den zukünftig vergangenen besetzt.

Bei Bassani spielt natürlich das vorab gegebene Wissen vom Tode der Freundin im Konzentrationslager eine Rolle bei dem Apriori, das alle Gegenwart determiniert. Aber der Tod der Freundin ist nicht politisch-kulturkritisch oder moralisch-polemisch erklärt, sondern erscheint als etwas Unausweichliches, das der Moderne selbst entstammt. Er vernichtet jede Antizipation von Zeit, hebt Zukunft auf. Von der Heldin wird gesagt, daß sie

»wie in einer Vorahnung ihres nahen Todes sowie des Todes aller ihrer Angehörigen auch Malnate gegenüber ständig wiederholte, daß ihr an *seiner* demokratischen und sozialen Zukunft nichts gelegen sei, ja, daß ihr die Zukunft an sich eine entsetzliche Vorstellung sei und sie ihr bei weitem la vierge, le vivace et le bel aujourd'hui vorziehe und mehr noch als alles andere die Vergangenheit, die geliebte sanfte, barmherzige Vergangenheit«.

Die absolute Zukunftslosigkeit hat zweifellos einen historischen Aspekt in der politischen Epoche. Sie ist aber allgemeiner begründet im Verlust der geschichtsphilosophischen Perspektive. Das Fehlen einer solchen läßt sich im Satz »Mit stets rückwärts gewandtem Kopf vorwärts zu gehen« spezifizieren. Vergleicht man den Satz mit Walter Benjamins berühmtem Bild vom Engel, der mit dem Rücken zur Richtung seines Weiterschreitens steht, wird die Bassanische Zukunftslosigkeit und Geschichtslosigkeit noch deutlicher: Auch Benjamins Engel mißtraut der Zukunft, blickt zurück auf die »Trümmer« der Geschichte. Es gibt bei Benjamin aber das unterschwellig virulente eschatologische Moment, das eine pessimistische Auffassung der Parabel vom zurückschauenden Engel verhindert – im Kontext seiner geschichtsphilosophischen Thesen. Wenn Bassani dagegen nur Vergangenheit kennt, dann auch, weil der Künstler sich im Unterschied zum Philosophen von keiner Teleologie der Zeit mehr aushelfen läßt. Gleichzeitig aber bedeutet gerade die Intensitätsdichte geschilderter Gegenwart, das heißt auch die Zeitlichkeit ihres Vollzugs und die Distanzierung jedwelcher Idee, an die sie gebunden sein könnte, daß sie, so sehr der Zeit überlassen, auch dieser Zeit *verfällt.* Bassani hat aus diesem Umstand erinnerte Glücksaugenblicke gewonnen, die nichtsdestotrotz kontemplative Trauer zur Voraussetzung haben.

Wenn diese nicht in der politischen Signatur der Zeit begründet ist, wenn also zur Erklärung des alles grundierenden Schmerzes nicht eine politische Ursache, der Faschismus, gegeben wird, dann bedeutet dies, daß der Trauer die objektive Referenz fehlt, sie offenbar in sich selbst ihren Grund hat:

Was kann das heißen? Daß wir von dem besonderen historischen Hintergrund des Bassanischen Romans abstrahieren müssen und im Bewußtsein vergangenheitsverfallener Gegenwart einen selbstreferentiellen Trauerdiskurs erkennen, wie er für die moderne Literatur zunehmend seit der europäischen Romantik und Nachromantik in herausragenden Beispielen charakteristisch wird. Das zitierte Paradigma von Rilkes Elegien gab schon einen entscheidenden Hinweis darauf, inwiefern literarische Trauer mit einer Zeitreflexion zusammenhängt, die es ausschließlich im künstlerischen Diskurs gibt und nachdrücklich nicht im historischen und philosophischen: Diese Zeitreflexion ist als Reflexionsfigur des je schon Gewesenen seit etwa 1800 auszumachen. Ihr frühes Auftreten innerhalb der deutschen klassizistischen Literatur ist für unsere Frage aufschlußreich: Die Reflexionsfigur des je schon Gewesenen substituiert bei Goethe nämlich, vor allem im *Torquato Tasso*, die geschichtsphilosophisch begründete Trauer um das Verschwinden des Goldenen Zeitalters, das heißt die Trauer um den verschwundenen Mythos. Geschichtsphilosophisch ist es aber auch, die die Trauer in utopische Erwartung verwandelt. So beispielhaft bei dem Kantschüler Friedrich Schiller, der dekretierte, daß wir »wieder werden sollen«, was die Griechen gewesen sind. Goethe dagegen, dem aus künstlerischem, nicht etwa ideologischem Bewußtsein geschichtsphilosophische Aufhebungen der Trauer unmöglich waren, setzt sie denn in ihr ganz und gar endliches Recht ein und erfindet sozusagen die Trauerrede als Reflexionsfigur des je schon Gewesenen: das präsentische Bewußtsein von dem bevorstehenden Verschwinden eines eben noch gewesenen Augenblicks des Glückes sowie die Erinnerung an schon stattgehabte Abschiede. Wir haben es hier mit einer signifikanten Bewußtseinsverschiebung zu tun: Trauer wird nicht aufgehoben, sondern intensiviert. Die geschichtsphilosophische Elegie konnte sagen: »Kehre wieder«, die existentielle Trauer kann das nicht! Existentiale beziehen sich auf Einmaliges, Geschichte auf die Gattung. In Goethes Trauerdiskurs wird die idealistische Formel von der Unsterblichkeit einer

Essenz der existentiellen Probe unterworfen – und zerfällt. An die Stelle des aufklärerischen Zukunftsbewußtseins rückt die Unendlichkeit der Wiederholung jedes einzelnen Tages des Schmerzes. An die Stelle der Ewigkeitshoffnung ist, wie später bei Baudelaire, die Ewigkeit des Verlorenen getreten. Das wird sich entwickeln zu Varianten eines poetischen Nihilismus. Im 19. Jahrhundert stehen dafür ein der italienische Lyriker Leopardi und der schon genannte Erfinder der Moderne, Charles Baudelaire. Im 20. Jahrhundert sind vor allem Kafka und Cioran zu nennen.

Man könnte von der entscheidenden Figur der klassischen Moderne her, nämlich der Epiphanie des essentiellen Augenblicks, Baudelaires Reflexionsfigur des je schon Gewesenen topisch fassen und sagen: Es ist die Umkehrung, die negative Fassung der modernen Epiphanie. Noch schärfer pointiert: Literarische Trauer nach Baudelaire ist selbstreferentielle; indem sie die Unmöglichkeit der Epiphanie, also der Seinsbeschwörung, wahrnimmt, betrauert sie das Verschwinden eben jenes Augenblicks, von dem sie als moderne Literatur versucht zu leben. Es hat innerhalb der deutschen Baudelaire-Forschung Versuche gegeben, Baudelaires *Fleurs du mal* sozialpolitisch zu verstehen, mit ausdrücklicher Berufung auf Walter Benjamin, Versuche, die von der relevanten französischen Philologie als Symptom aufklärerischer Phantasmen pauschal abgewiesen worden sind. Indem man für Baudelaires Schmerzpathos sozialpolitische Ursachen konstruierte, ersetzte man das bei ihm semantisch gegebene Zeitbewußtsein einer inneren Zeit des Melancholikers durch historisch-epochale Zeit. Es geht bei Baudelaire aber nicht um Geschichte, nicht um Referenzen an soziale Vorkommnisse, sondern um die Zuspitzung eines dem literarischen Diskurs eingepflanzten Bewußtseins von der Bedrohung menschlichen Seins durch seine Temporalität! Die hohe literarische Rede, die seit Pindar, seit Hölderlin, seit Musil etwas zu tun hat mit Rühmen, ist offenbar besessen von der Darstellung eines Präsens, eines Jetzt.

Man kann die Obsession der klassischen Moderne mit

»Augenblicken des Seins«, den berühmten »Moments of Being« der Virginia Woolf, mit dem Hinweis auf diese uralte Präsens-Tradition erklären. Uralt ist auch die Klage um den Verlust der Präsenz, wie sich an der altfranzösischen Klageform des »Lai« und seiner Thematisierung der aufgeschobenen Präsenz erkennen läßt.

Der Blick auf Baudelaires negative Zeitekstatik hat auch klargemacht, inwiefern literarische Trauer nichts mit dem christlichen *memento mori* zu tun hat. Die Reflexionsfigur des je schon Gewesenen klagt nicht über die Zeitlichkeit des Menschen, der in der christlichen Theologie ohnehin die Ewigkeit gegenübersteht. Diese Reflexionsfigur klagt um das Verschwinden der kürzesten Zeitdauer – ohne die Ewigkeit überhaupt noch im Blick zu haben –, indem sie aus dieser Kurzzeitwahrnehmung eine strukturelle Annihilierung des Daseins, eine prinzipielle Beschädigung konstruiert. Der ästhetische Charakter dieser Trauerrede wird schlaglichtartig deutlich, wenn man sieht, daß sie dem philosophischen Diskurs nicht möglich ist, obwohl man annehmen möchte, daß es sich um eine eminent philosophische Frage handelt, wie Michael Theunissen in seiner *Negativen Theologie der Zeit* ja auch deutlich macht: »Denn der Augenblick des Todes ist der, in dem wir nur noch Vergangenheit sind und in keiner Weise mehr Zukunft.« Dieser Satz kann für die Reflexionsfigur des je schon Gewesenen unmittelbar übernommen werden, indem man das Wort Tod streicht und die noch erschreckendere Pointe der Zeitannihilierung bekommt. Aber Theunissen stellt eine Ausnahme unter den zeitgenössischen Hochschulphilosophen dar.

Selbst Philosophen, die die ontologisch defizitäre Struktur unserer temporalen Zeitwahrnehmung thematisierten, etwa Nietzsche und Adorno, haben sich solche poetischen Eskapaden nur für kurze Phasen erlaubt. Nietzsche begriff die menschliche Existenz sehr wohl als ein »ununterbrochenes Gewesensein«, als ein »im Husch da, im Husch vorüber, vorher ein Nichts, nachher ein Nichts«, und den Augenblick als Gespenst, das wiederkomme und »die Ruhe eines späteren

Augenblicks« störe *(Vom Nutzen und Nachteil der Historie für das Leben).* Aber da sich Nietzsche für Geschichte beziehungsweise für ihre Aufhebung, das heißt eben doch für objektive Langzeitprobleme interessierte, ging er solchen Einsichten hinsichtlich der Reflexionsfigur nicht nach. Und Adorno, der Autor der *Minima Moralia,* von dem die Sentenz von den »Stunden« stammt, die »als Sekunden schon vorbei sind, ehe der innere Sinn sie aufgefaßt« habe und diesen fortreiße »in ihrem Sturz«, hat als Philosoph, als Autor der *Negativen Dialektik,* einer solchen radikalen Negativität des Zeitbewußtseins widersprochen, weil der Wahrheitsbegriff eine Permanenz der Zeit impliziere. Es war wiederum Montaigne, der die emphatische Wahrnehmung eines zeitlichen Jetzt artikulierend an die Adresse der Philosophie den Vorwurf richtete, gegenüber negativen Zeitbegriffen sich abstinent zu verhalten. Hegel erhob diese Abstinenz zu einem philosophischen Gesetz, wenn er in der *Phänomenologie des Geistes* vom »Leben des Geistes« sprach, das den Tod, das Negative in sich aufgehoben habe und ins Positive verwandle, eine reflexive Leistung, die von der »kraftlosen Schönheit« nicht aufgebracht werde. Für »kraftlose Schönheit« kann man schöne Literatur einsetzen oder poetisches Bewußtsein, und man hat die rein ästhetische Bestimmtheit der Zeittrauer auktorial bestätigt.

Es geht nicht darum, der Philosophie den Vorwurf einer Gedankenunterlassung zu machen, sondern darum, zu erkennen, wie sehr die Reflexionsfigur des je schon Gewesenen als Topos des Trauerdiskurses ausschließlich literarischer Natur ist. Was ist für die Frage nach historischer Trauer aus dieser Einsicht zu gewinnen?

Kann Trauer ein historischer Begriff sein?

Zunächst ist einsichtig, daß es sich um einen vollkommen anderen Begriff von Zeit handeln muß: nicht um subjektive poetische Zeitreflexion, sondern um objektives Zeitwissen. Letzterem kommt kein höherer Rang als ersterer zu, wie Historiker, Politiker und Journalisten gerne annehmen, aber es ist zweifellos von größerer sozialer und gesellschaftlicher Relevanz. An welche Trauer wäre zu denken, bevor man sich der wohl entscheidenden Frage zuwendet: der Frage nach der Trauer der deutschen Nation hinsichtlich ihrer Geschichte im 20. Jahrhundert sowie der Funktion solch einer Trauer. Wenn die Faktoren der subjektiven Zeit ausscheiden, scheidet eine ganze Kette metaphorisch-symbolischer Zeichengebung der Trauer aus. Wie zu Anfang schon angedeutet, sind uns viele Bekundungen objektiv-historischer Trauer nur literarisch vermittelt, sei es die Trauer des persischen Großkönigs Dareios ob seines untergegangenen Heeres, sei es die Rede des Perikles auf die gefallenen Athener, sei es die Rede Churchills auf die gefallenen Jagdflieger der Royal Air Force. Zwischen den Namen dieser Aufzählung liegen über zweitausend Jahre, wenngleich der kulturelle Kontext, in dem sie stehen, sehr viel kürzer ist, zumal es sich beim letzten Datum um einen englischen Staatsmann handelt, der noch der Schule der britischen Unterhausrede entstammt, die sich an rhetorisch großen historischen Mustern orientiert hat (der Bibel, Shakespeare, Milton, aber eben auch der Antike). Ich ziehe aus diesem Befund zunächst die Einsicht: erstens, daß Trauer und Geschichte oder Trauer in der europäischen Geschichte selten aufgetreten sind, und zweitens, daß sie nur in einer Dokumentationsform auftreten, die quasiliterarisch ist. Das ergibt sich schon aus der säkularen Form der europäischen Staatenwelt seit Ende des Mittelalters, wogegen Berichte über Trauer in theologisch orientierten Gemeinschaften – siehe die Erzählungen des Alten Testaments – häufig auftauchen. Die großen Trauerrituale wurden in Europa ausschließlich von den Kirchen ausgerichtet. Sind Trauerformen in der jüngeren europäischen Geschichte also noch seltener?

Zweifellos hatte die Niederlage der französischen Armee gegen die preußisch-deutsche 1870/71, nicht zuletzt der Verlust Elsaß-Lothringens, eine nationale Trauer zur Folge (»niemals davon reden, immer daran denken«), die quasidokumentarisch in Zolas Roman *Le Débâcle* oder im Briefwechsel Flauberts mit George Sand sich abbildete, wobei die Trauer Flauberts deutliche Zeichen eines melancholischen Leidens zeigt. Und gewiß ist analog, wenn auch mit ganz anderen affektiven Symbolen, die nationale Trauer der Deutschen nach dem Ersten Weltkrieg zu nennen, die schockartige Elemente und pathologisch-regressive Formen der Melancholie aufwies, die näher zu benennen hier nicht nötig ist, denn es handelt sich nicht um symbolisch-ästhetische, sondern um psychologisch-anthropologische Erscheinungen. In beiden Fällen einer nationalen Trauer ist charakteristischerweise ein religiöses Element zu erkennen, dessen Präfiguration man wohl in den Trauerritualen der ersten französischen Republik festmachen kann, vor allem während ihrer jakobinischen Phase. Schließlich ist die Trauer der Überlebenden des Holocaust zu nennen, nicht als staatliche Form der Trauer, die die israelische Nation geprägt hätte, sondern als Trauer einzelner Individuen. Als Dokument solcher Trauer ist das zweifellos bekannteste Gedicht Celans *Die Todesfuge* zu werten, dessen literarische Problematik, so muß aus dem bisher Gesagten geschlossen werden, gerade in seiner objektiven Referenz liegt; es handelt sich um eines der wenigen modernen Gedichte von Rang, die nicht die subjektive Zeit, sondern die objektive Zeit zum Thema gemacht haben.

Zurückkommend auf die Beobachtung Montaignes ist Trauer offenbar ein Gefühl, das, je mehr sich seine Essenz gesteigert hat, keinen Ausdruck mehr findet; und gerade gelte das sowohl in psychologischer als auch in ästhetischer Hinsicht. Nun haben wir gesehen, daß die ästhetische Form der Trauer in der Tat keinen Unmittelbarkeitsgestus entläßt, sondern Reflexionsformen, die sich in der Literatur auf einen spezifischen Topos des Zeitschmerzes konzentriert haben. Historische Trauer als Modus psychologischer Trauer verfügt nicht über eine bindende Formtradition, es sei denn, man konzentriert die Frage auf eine vergleichende Diskussion des europäischen Denkmalstils, wie das Reinhart Koselleck getan hat. Ist es aber – und diese Frage ist viel entscheidender –

überhaupt angebracht, den Begriff der Trauer, abgesehen von allen semantischen und symbolischen Problemen, im Kontext der zeitgenössischen Geschichte auszumachen? Wie festgestellt, gehört der Begriff in einen kryptoreligiösen Raum, der mit der Säkularisation der heiligen Nation zum Sozialstaat völlig verschwunden ist. Aber selbst unter der Annahme einer solchen auratischen Voraussetzung wäre auf das berühmte Diktum der Mitscherlichs zu sprechen zu kommen. Den psychoanalytischen und psychosozialen Stand der Diskussion beiseite lassend, also auch die Entscheidung über die Triftigkeit ihrer Erklärung, warum die unmittelbaren Nachkriegsdeutschen unfähig zur Trauer waren, kann man auf empirischen Daten fußend feststellen, daß es eine solche Trauer, ob nun wegen der abstrakt narzißtischen Verdrängung des Endes des Dritten Reiches oder wegen der konkreten eigenen Verwicklung in deren kriminelle Maschinerien, nicht gegeben hat und nicht gibt. Der deutsche Bundeskanzler hatte große Schwierigkeiten mit der Akzeptanz eines Holocaust-Denkmals in Berlin.

Er hat sie aber nicht aus mangelnder Sensibilität oder aus Gründen, die die Mitscherlichs anführen – wie immer es mit seiner Sensibilität bestellt sein mag –, sondern deshalb, weil sich Trauer, sei es als Gefühl, sei es als schon artikulierte Form, nicht so einfach in den Staat einpflanzen läßt. Der Staat ist kein Gedicht.

Aber ist nicht das Denkmal eine dem Gedicht vergleichbare Form? Selbst wenn dem so wäre, ist diese Form wiederum auf geschichtliche, nicht poetische Zeit verwiesen, und wir stehen wieder am Anfang: Kann Trauer ein historischer Begriff sein? Vielleicht kommt man weiter, wenn man den potentiell historische Trauer Tragenden einmal wie das Subjekt der literarischen Trauer behandelt. Für dieses ist ein hoher Grad von Reflexion subjektiver Zeitlichkeit charakteristisch. Der historisch Trauernde müßte also einen hohen Grad an Reflexion historischer Zeit besitzen. Und zwar bezogen nicht etwa auf diese oder jene bestimmte kurze Zeit, sondern auf die historische Zeit als Kontinuum im Ganzen!

Denn reduziert auf die Geschichte der Bundesrepublik, wie sollte sich Trauer einstellen? Das wäre die eine Voraussetzung.

Die andere beträfe den spezifischen Charakter der Reflexion selbst. Analog zur poetischen Reflexionsfigur dürfte es nicht bloß ein emotioneller Zustand sein, der selbst, wie Montaignes Überlegung demonstrierte, im Falle unmittelbarer Zeitnähe des Traueranlasses in seiner psychologisch-expressiven Ausdrucksform undefinierbar bleibt. Es wird sich um so weniger um eine Darstellung von Innerlichkeit handeln können, als Zeitnähe zum Traueranlaß nicht mehr gegeben ist. Die Alternative wäre also die Form eines politisch-historischen Gedenkens, das analog zur poetischen Reflexionsfigur die Nachträglichkeit des Zeitmodus zur Voraussetzung hätte: also doch wohl ein Ritual. Inwiefern dieses an sich konträr steht zum restlos säkularisierten Staat, vor allem aber zum Staatsverständnis der politischen Elite der Bundesrepublik, ist schon festgestellt worden. Damit stellt sich nun abschließend die Frage, ob denn die beiden Voraussetzungen zur historischen Trauer – historisches Langzeitgedächtnis, Möglichkeit einer Aufhebung der unmittelbaren Innerlichkeit ins Ritual – für die Bundesrepublik angenommen werden können. Beide Voraussetzungen bedingen einander, fällt eine weg, so ist auch die andere nicht mehr gegeben.

Schon die erste Voraussetzung ist nicht gegeben. Das scheint überraschend, sind die bundesrepublikanischen Diskussionsszenarien doch nicht arm an historischen Themen. Es ist indes kaum zu leugnen, daß es bei der linksintellektuellen Intelligenz, aber auch bei den Resten des akademischen Bildungsbürgertums und schließlich den Schichten, die man unter dem Begriff Funktionseliten zusammenfaßt, kein eigentlich historisches Langzeitgedächtnis mehr gibt. In der spezifischen Amnesie des Kontinuums geschichtlicher Zeit könnte geradezu das Bestimmungsmerkmal des bundesrepublikanischen Menschen erkannt werden. Es gibt nur ein geschichtliches Kurzzeitgedächtnis, das mehr oder weniger mit der sogenannten Stunde Null des Zusammenbruchs von 1945 endet. Was von der Zeit davor erinnert wird, wird nur erinnert als Vorphase zu dieser Stunde Null. Die Ursachen hierfür können nicht im einzelnen ausgeführt werden, nur zwei Gründe sollen genannt sein, weil sie das Gedächtnis- und Trauerdefizit unmittelbar erläutern: Erstens die von Mitscherlichs Traueranalyse erbrachte Erkenntnis, daß eine große Gruppe von Deutschen in der Nachkriegszeit jede Reflexion der Epoche vor der Stunde Null ausgeblendet hat. Zweitens die von der Zeitgeschichte, Sozialgeschichte und Soziologie vorgenommene Reduktion der deutschen Geschichte auf eine Vorgeschichte des Nationalsozialismus. Es handelt sich sozusagen um eine rechte und eine linke Auflösung der geschichtlichen Zeit. Entweder zugunsten eines therapeutisch fungierenden Vergessens, die rechte Variante, oder eines moralisch fungierenden Isolierens, die linke Variante. In beiden Fällen ist ein Langzeitgedächtnis im Sinne einer kulturellen Identität nicht mehr gegeben.

Der Hinweis auf neuerliche kulturhistorische Interessen, etwa an historischen Ausstellungen – die berühmte Staufer-Ausstellung ist ein oft bemühtes Beispiel –, kann die Diagnose eines fehlenden Langzeitbewußtseins nicht widerlegen: Solches Fasziniertwerden von kulturell anderer Zeit (an die Stelle der Staufer könnten auch die Ägypter treten) ist ein postmodernes Phänomen, es ist gekennzeichnet durch ein Jenseits der Geschichte. Dasselbe gilt für den Hinweis auf eine jüngere kulturwissenschaftliche Historik: Sie muß erst einmal ihre Autorität durchsetzen und entbehrt gerade des Pathos eines nationalgeschichtlichen Gedächtnisses. Der Hinweis, daß ein nationalgeschichtliches Pathos der deutschen Erinnerung durch die nationalsozialistische Perversion eben dieses Pathos für immer verboten sei, macht die Sache nicht besser – außer als pädagogische Stillstellung. Es ist aufschlußreich genug, daß man kulturelle Identität deshalb über die Holocaust-Identifikation als Gründungsmythos der Bundesrepublik herstellen wollte. Man substituierte die Langzeit durch kurzzeitliche negative Zeitsymbolik; die die Nachkriegszeit dominierende Soziologie hat die Zeitdimension methodisch überhaupt ausgeblendet, weil sie nur an kurzzeitrelevanter Gesellschaftsbeobachtung interessiert ist. Dem hat sich die sozialhistorische westdeutsche Historik »angeschlossen«.

Hieraus erklärt sich nun auch die schon zu Beginn angedeutete Problematik des Rituals in der Bundesrepublik. Wo kein Langzeitgedächtnis, das heißt eine Transzendierung der individuell verinnerlichten Lebenszeit, existiert, da wird alles von einer subjektiven Erfahrbarkeit abhängig gemacht, wie die Walser-Debatte nachdrücklich gezeigt hat. Walsers Position ist die Pathetisierung seiner Innerlichkeit. Diese bedarf nur der subjektiven Erinnerung. Die Objektivität des Rituals wurde von ihm nicht bedacht, weil es ihm an historischem Gedächtnis im oben skizzierten Sinne ermangelt. Denn selbst ein Gedächtnis, das sich des Holocaust bewußt ist, was bei Walser zweifellos zutrifft, verdient nur dann diesen Namen, wenn es sich nicht nur der Holocaust-Zeit bewußt ist, sondern der Zeit und der Zeiten, die vor dieser Zeit liegen. Es geht um die Tiefe der historischen Zeit selbst, deren Wissen erst das Ereignis, das der Holocaust bedeutet, so wahrnimmt, daß sich Trauer als Ritual anschließen könnte. Dabei wird schließlich noch ein Moment deutlich, das, wie Walsers Fall zeigt, nicht gegeben, aber für die Trauer als Ritual unabdingbar ist: Der im Ritual Trauernde muß, analog wieder zur poetischen Trauer, ein erkennbares Selbstbewußtsein seiner öffentlichen Figur haben. Denn Trauer ist immer doppelt codiert, subjektiv und objektiv. Objektive Trauer um die Ermordeten, subjektive Trauer um die beschädigte eigene Geschichte. Man kann dieses Selbstbewußtsein auch kulturelle Identität nennen.

Damit ist unsere Frage beantwortet. Da die genannten Voraussetzungen zur Zeit nicht erfüllt beziehungsweise erfüllbar sind, kann Trauer in der Bundesrepublik nicht als historische Kategorie behandelt werden. Sie dennoch phraseologisch in Anspruch zu nehmen, läuft häufig auf eine Form des intellektuellen Kitsches hinaus. Die so lange Zeit nicht geklärte Diskussion um das beabsichtigte Holocaust-Denkmal entsprang nicht nur der Vielfalt der Einsprüche und der Schwierigkeit, sich für einen bestimmten Stil zu entschließen, sondern spiegelt den hier geschilderten Verlust an historischem Zeitbewußtsein wider.

III. Ewige Gegenwart

Die Frage nach der Zukunft, wie wir sie hier stellen, scheint auf den ersten Blick eine einfache Frage zu sein. Aber nur solange, wie man dabei an die verschiedenen möglichen inhaltlichen Ausfüllungen einer hypothetischen Zukunft denkt, geleitet von einer Geschichte gewesener Utopien, die zwar nicht mehr reaktivierbar sind, die uns aber etwas über die Bedingungen des Utopischen in vergangenen Epochen sagen und somit Rückschlüsse auf unser eigenes utopisches Potential zulassen würden. Mit dem Begriff »Epochen« erscheint auf den zweiten Blick nun aber das Komplizierte unserer Frage: Es geht offenbar nicht einfach um die Erörterung von möglichen und nicht möglichen utopischen Gehalten, sondern es geht zunächst und vor allem um das formale Verständnis der Zeitstruktur selbst, das heißt um das Verhältnis der drei Zeitdimensionen zueinander, um das Verständnis von Zeit überhaupt. Zeit ist keine bloße Vorstellung oder Idee über ein Ausdehnungsmaß, sondern – das hat Augustin entdeckt – eine Anschauungskategorie des Subjekts (die Zeit ist »nur in der Seele«, wie es im elften Buch der *Bekenntnisse* heißt).

Eine solche formale Analyse einer Zeitlichkeit im anspruchsvollsten Sinne nahm am Ende der klassischen Moderne Jean-Paul Sartre vor – sowohl in seinen *Kriegstagebüchern* wie in seinem von der deutschen Phänomenologie angeregten philosophischen Hauptwerk *Das Sein und das Nichts.* Es ist evident, daß wir hier von einer solchen Theoriereferenz nicht ausgehen können, wollen wir zu einem lebenspraktischen Ergebnis kommen. Wir können aber eine Einsicht Sartres aus den Tagebüchern an den Anfang stellen: »Jede Gegenwart hat ihre Zukunft, die sie erleuchtet und mit ihr verschwindet.« Oder: »Aber jeder Augenblick meines Lebens löst sich von mir wie ein Laubblatt. Das heißt nicht, daß ich im Augenblick lebe, eher lebe ich in der Zukunft.« Damit ist nämlich verstanden, daß es bei dem Thema Zukunft a priori um die Zukunftsfähigkeit einer jeweiligen Gegenwart geht. Es ist dann nicht diese oder jene inhaltliche Hochrechnung, sondern es ist das Gestimmtsein von Antizipation überhaupt. Man wird dieses Gestimmtsein oder dieses Prinzip Hoffnung in bestimmten Epochen größer als in anderen finden. Die sechziger Jahre und die dreißiger Jahre des 20. Jahrhunderts waren gewiß in diesem Sinne utopischer als die achtziger oder neunziger. Und ebenso enthielten die Jahre vor dem Ersten Weltkrieg mehr an eschatologischer Erwartung als die Jahre vor dem Zweiten Weltkrieg. Die frühsurrealistische Literatur, etwa Aragons *Paysan de Paris* oder Bretons *Nadja*, ist Dokument solcher Zukunftsfähigkeit einer jeweiligen Gegenwart.

Dabei wird sogleich etwas Weiteres deutlich: daß man beim Begriff Zukunft zu unterscheiden hat zwischen einer subjektiven und einer objektiven Zukunft; oder anders ausgedrückt: zwischen meiner ganz persönlichen Erwartung in einer jeweiligen Gegenwart und den veröffentlichten Erwartungen eines Epochendiskurses. Der äußerste Gegensatz und die harmonischste Deckung, die dabei auftreten können, werden sichtbar, wenn man für subjektive und objektive Zukunft die Kategorien Blumenbergs einsetzt: »Lebenszeit« und »Weltzeit«. Es gab einmal eine Epoche – und dies war seltsamerweise die der geheimnisvertreibenden Aufklärung –, in der sich ein harmonisches Bündnis zwischen subjektiver Zukunft, meiner Lebenszeit, und objektiver Zukunft, der Zeitenfolge der Welt, knüpfen konnte. Und es scheint so zu sein, daß in unserer Epoche dieses Bündnis kaum mehr gelingt. Damit aber ist die strukturelle Voraussetzung für Utopie oder, wie wir sagen wollen, Zukunftsantizipation nicht mehr gegeben. Denn es ist offensichtlich so, daß Zukunftspathos – vor allem inhaltliche Angaben über eine gewünschte Zukunft, und das heißt meist gesellschaftliche Zukunft – nur dort eintritt, wo die subjektive Zukunft dem nicht widerspricht.

In der Aufklärungsepoche verband sich die utopische Idee von einer fortschreitenden Perfektibilität der Menschheit mit der Subjektutopie der individuellen Transzendenz. Schillers Vers »Brüder, überm Sternenzelt muß ein guter Vater wohnen«, die generelle Idee von einer »Kette der Wesen«, Lessings Bild vom Tod als einem »Bruder des Schlafes« sind drei unterschiedliche Deklarationen der Einheit subjektiver und objektiver Zukunftserwartung, des Miteinanders des Glaubens an die Unsterblichkeit der individuellen Seele und des Wissens von einer teleologischen Struktur der Geschichte. Und in dem Zeitalter vorher, als eine solche historische Langzeiterwartung nicht denkbar war, so im Falle von Augustins Verwandlung der Zeitlichkeit in Ewigkeit, da fiel die apokalyptische Naherwartung des Endes aller Zeit unmittelbar zusammen mit der Hoffnung der subjektiven Heilserwartung. Die Philosophie und die Theologie haben sich um die Einheit von objektiver und subjektiver Zeit jedenfalls immer obsessiv gekümmert.

In Analogie dazu die Aufhebung des absehbaren individuellen Endes in der marxistischen Vorstellung vom Klassenkampf und dem schließlichen Ende der Klassen in der Einheit der Solidarität aller Werktätigen. Diese komfortable Verbindung von Subjektteleologie und objektiver Geschichtsutopie hatte ihre Vorläufer schon in dem emphatischen Begriff der Republik, den die Große Revolution entfaltete, mit allen Merkmalen des Versprechens auf erhabene Transzendenz, wie sich an den Ritualen der Revolutionsperiode unschwer erkennen läßt. Man kann solche institutionell-gesellschaftlichen Formen der *unio mystica* von subjektiver Zukunft und objektiver Zukunft auch noch im reduzierten Familienverband alter Ordnung wiederfinden: Wer im Kreise der Seinen die letzten Stunden verbringen durfte, der starb, unabhängig vom Glauben an das Jenseits, mit der Gewißheit, in der Erinnerung der Familie nicht vergessen zu werden, ja in gewisser Weise in den Kindern weiterzuleben. Das ist eine Methode, die sich endgültig in die Vergangenheit verwandelnde Gegenwart in die Zukunft zu retten, und sie hat verschiedene Varianten. Die berühmteste, weil im Diktum des großen Dichters übermittelt, ist die Strophe des Horaz: »Nicht gänzlich werde ich vergehen, ein großer Teil von mir / wird entgehen der Todesgöttin; unaufhörlich werde ich in der

Nachwelt / wachsen im Ruhme jugendfrisch, solange auch das Kapitol / steigen wird mit der schweigenden Jungfrau der Priester.«

Die im Ästhetischen überwinternde Utopie

In allen diesen säkularen Begründungen, im Unterschied zu den transzendenten einer individuellen Gegenwart in der Zukunft, lebt das Argument doch letztlich von der Annahme eines Ewigen. Dieses Telos blieb immer enthalten und somit die Teleologie noch immer anstelle der Kontingenz. Seit geraumter Zeit ist dem aber nicht mehr so. Gewiß, Gilles Deleuze hielt am utopischen Prinzip in der Kunst als Formel für das »Infini« gerade am Ende der sozialistischen Utopie fest, und Gianno Vallimo will an die Stelle der globalen Utopie ein Ensemble kleiner Utopien setzen. Aber beider Ideen hängt der Geruch des Illusionären, ja des unfreiwillig Komischen an, allzu durchsichtig ist entweder das unvermittelt Dezisionistische oder gar das Epigonale daran; was im Reich der Künste und Kunsttheorie inzwischen weniger wahrnehmbar ist, weil dort nicht konsequent gedacht und häufig auch nicht mehr gefühlt wird (siehe die Entwicklung der Documenta). Wenn die Künste aber der Probe auf das utopische Exempel nicht standhalten, dann ist es mit der Möglichkeit des Imaginativen in Antizipationen – wie man die Utopie einmal, ohne inhaltlich zu werden, beim Namen nennen könnte – schlecht bestellt.

Denn in der Tat war die moderne Kunst, nicht zuletzt ihr avantgardistischer Kern, immer mit dem utopischen Projekt verbunden gewesen. Vordergründig war dies der politisch gezielte Veränderungsanspruch: Dem politisch Neuen entsprach die radikale innovatorische Form. Vornehmlich galt dies für die unterschiedlichen Avantgarden seit den zehner Jahren des letzten Jahrhunderts, die Künstler des Expressionismus, Dadaismus und Surrealismus waren durchweg engagiert in der sozialen linken Revolution. Allerdings – und das ist für die

Möglichkeit der Utopievorstellung wichtig – zeigt sich ein ähnlicher Anspruch auf das radikal Neue in entgegengesetzter politischer Richtung: Der Futurismus paktierte mit dem Faschismus, der Spiritualismus tendierte zu totalitären Ideen, und eine ganze Reihe ähnlich wagemutiger Erfinder *in aestheticis* zeigten eine Inklination zum nostalgischen oder zum kulturrevolutionären Konservatismus: von Ezra Pound, D. H. Lawrence und T. S. Eliot bis hin zu Stefan George, Gottfried Benn, Robert Musil und Ernst Jünger.

Aber auch hier ist die politische Identifikation zum Verständnis des utopischen Phänomens in der Kunst und Literatur des 20. Jahrhunderts nicht die hinreichende Erkenntnis. Vielmehr lag das Utopische in allen diesen Fällen in der *Gestimmtheit* einer jeweiligen *subjektiven Gegenwart*, wobei das Wort Gestimmtheit eben darauf abhebt, daß es um eine spezifische, begrifflich schwer einzuholende atmosphärische Aufgeladenheit des künstlerischen Subjekts geht. Um es zu erfassen, genügt es nicht, ein paar geistesgeschichtliche Begriffe aufzusagen, sondern man muß einen jeweiligen Stil der Ahndung auf seine verborgenen Absichten hin analysieren. Ob man es unbestimmte Erwartung, dezisionistische Erregung, epiphanen Zustand nennt – alle Zuschreibungen laufen auf das gleiche Moment eines nicht näher begründeten Glücksausdrucks hinaus.

Ein Satz aus Aragons *Le Libertinage* von 1924, gewidmet dem zu diesem Zeitpunkt schon nach einer anderen Utopie Ausschau haltenden Drieu La Rochelle, steht für viele solcher Sätze ein, die auch in Robert Musils Jahrhundertroman *Der Mann ohne Eigenschaften* (1930), dem es konzeptionell ohnehin um eine neue Definition von Utopie geht, als Indikatoren einer bestimmten Atmosphäre erscheinen. Bei Aragon heißt es: »Wie eine Sonne über der Welt tauchte plötzlich das gelbe Auto in der Rue Ordener auf: wir stiegen ein, erfüllt von einer Philosophie, die so berauschend war, daß sie über jeden anderen Gedanken siegte.« Gewiß, von einer berauschenden Philosophie ist die Rede. Aber daß das gelbe Auto in der Rue Ordener auftaucht – damals eine fast noch bäuerliche Straße am nördlichen Stadtrand von Paris, das heißt ein im Sinne des surrealistischen *objet trouvé* funktionierender Ort –, ist als festgestelltes Ereignis wichtiger als eine inhaltliche Aussage über diese Philosophie: Es ist die Philosophie selbst, von der die Rede ist. Was hier immer noch gelingen will, ist die Sicherheit des Subjekts, etwas Einzigartiges, noch nicht Abgegoltenes und in dieser Einzigartigkeit auch auf Zukunft des Gedachten zu erleben.

Musil hatte mit dieser Subjektutopie schon sein prinzipielles Problem. Er dekretierte: »Wahrscheinlich ist die Auflösung des anthropozentrischen Verhaltens, das den Menschen so lange Zeit für den Mittelpunkt des Weltalls gehalten hat, aber nun schon seit Jahrhunderten im Schwinden ist, endlich beim Ich selbst angelangt; denn der Glaube, am Erleben sei das wichtigste, daß man erlebe, und am Tun, daß man es tue, fängt an, den meisten Menschen als eine Naivität zu erscheinen.« Aber er selbst legte gerade auf das Tun des Tuns, das Fühlen des Fühlens in theoretischer Hinsicht den allergrößten Akzent bei der Suche nach dem noch möglichen utopischen Zustand. Denn daß die Menschen keinen Glauben mehr an die Singularität ihrer Gefühle haben, ist eine richtige Einsicht in die Statistik, die eine Wiederholung des Immergleichen bei immer gleicher werdenden Sozialteilnehmern zeigt.

Folglich liegt gerade hier der Ansatz der Subjektutopie Musils: ob es noch einmal gelingen kann, solche Einzigartigkeit herzustellen. Nur im Vollzug, in der Tätigkeit kann ein Gefühl oder ein Gedanke utopisch sein, denn er nutzt sich zeitlich sofort in seiner Einzigartigkeit ab: »Aber eine Idee, das ist das Paradoxeste von der Welt. Das Fleisch verbindet sich mit Ideen wie ein Fetisch. Es wird zauberhaft, wenn eine Idee dabei ist. Eine gemeine Ohrfeige kann durch die Idee von Ehre, Strafe und dergleichen tödlich werden. Und doch können sich Ideen niemals in dem Zustand, wo sie am stärksten sind, erhalten; sie gleichen jenen Stoffen, die sich sofort an der Luft in eine dauerhaftere andere, aber verdorbene Form umsetzen. Das hast du oft mitgemacht. Denn eine Idee: das bist du; in einem bestimmten Zustand. Irgendetwas haucht dich an; wie wenn in das Rauschen von Saiten plötzlich ein Ton kommt; es steht etwas vor dir wie eine Luftspiegelung; aus dem Gewirr deiner Seele hat sich ein unendlicher Zug geformt, und alle Schönheiten der Welt scheinen an seinem Wege zu stehen. Das bewirkt oft eine einzige Idee. Aber nach einer Weile wird sie allen anderen Ideen, die du schon gehabt hast, ähnlich, sie ordnet sich ihnen unter, sie wird ein Teil deiner Anschauungen und deines Charakters, deiner Grundsätze, deiner Stimmungen, sie hat die Flügel verloren und eine geheimnislose Festigkeit angenommen.«

Musil hat eine Reihe der die Epoche prägenden weltanschaulichen Systeme ironisch zitiert, Systeme, die alle irgendwie »utopisch« imprägniert waren, mehr noch: sie ideologiekritisch und psychologistisch dargestellt, um den eigentlichen »Möglichkeitssinn«, der uns verbleibt, zu erfassen. Ob es nun die Utopie des exakten Lebens, die Utopie des Essayismus ist oder die Utopie des motivierten Lebens – entscheidend für Musils schließliche Utopieidee ist das emphatisch entwickelte Ethos, »hypothetisch leben zu wollen«. Hypothetisch leben heißt, eingedenk des Unsicheren aller Dinge, ihrer ständigen Wandlung, wie immer fest auch ihre Begriffe sind, zu existieren. Sozusagen à la Montaigne, den Musil nicht mit Namen, aber im Geiste meint. Und damit ist alles wiederum nicht auf den Gehalt einer ins Auge gefaßten Zeit- oder Raumutopie gelegt – am Ende handelte es sich bei Musil charakteristischerweise immer eher um Raum- denn Zeitutopien –, sondern auf einen emotionellen Ausnahmezustand, dem Musil dann den Namen des »anderen Zustands« im Sinne der erotisch-heroischen Idylle gab.

Man könnte den Musilschen oder surrealistischen Typus der Subjektzukunft – nach dieser oder jener Art sind alle Subjektutopien des 20. Jahrhunderts gedacht – als Indiz für das Ausrinnen der Argumente der klassischen Utopien, wie sie vornehmlich das 18. und 19. Jahrhundert hervorbrachte, nehmen: Wenn man keinerlei Gründe mehr für eine bessere Welt, als es diese ist, findet – die Bedingung für die Sozialutopie –, dann reduziert man eben die Ansprüche auf eine Zone, wo es nicht so sehr der Gründe, sondern der Selbstevidenz bedarf. Dies ist wahrscheinlich von seiten der politischen Utopie immer wieder als Einwand gegen die Subjektutopie gesagt worden. Und daß sich dem die aktuelle Kunsttheorie mit dem Offenbargewordensein des Utopieverlusts in den Künsten nur halbherzig stellt, scheint diesem Einwand auch recht zu geben. Die Künste können sich eben leicht in Phantasmen flüchten und dort ungeprüft überleben. Aber zunächst sieht es doch umgekehrt aus: Die starke Subjektutopie, also die surrealistische oder die Musilsche, trat in Epochen starker Sozialutopien auf. Die Sozialutopien wurden sogar sozusagen erst von der Subjektutopie getragen und beglaubigt. Nur der beherzte, erwartungsvoll angespannte Mensch hat Zeit und Sinn für die objektive Zeitantizipation. Nur im Falle kollektiver hysterischer Objektbesetzung, wie sie Sebastian Haffner am Beispiel der präfaschistischen Stimmung im Deutschland der zwanziger Jahre geschildert hat als einer einzigartigen Ichleere, fehlt die Subjektutopie in der Moderne, die wir mit dem 17. Jahrhundert ansetzen dürfen. Schon in Defoes *Robinson Crusoe* gehen Sozialutopie (ökonomische Autarkie, Wirtschaftsindividualismus) und Subjektutopie (Begierde, Angstmotivation) ineinander über.

Das angeblich verschwundene Subjekt

Es ist beim Blick auf die klassische Periode von Subjekt- und Sozialzukunft deutlicher geworden, daß auch die Subjektzukunft seit geraumer Zeit in der Kunst nicht mehr existiert: Die Zerstörung des utopischen Potentials, des »Geists der Utopie« des 20. Jahrhunderts, ist so groß, daß selbst die Künste nicht mehr als Medium utopischer Elemente fungieren, auch wenn gewisse ideologische Sektionen das noch fingieren. Nun ist aber andererseits auf der Seite des Phantasmas der Zukunftserwartung seit den achtziger, zunehmend seit Ende der neunziger Jahre eine neue Art der epochalen Hochrechnung eingetreten: die Versetzung beziehungsweise Vernetzung des Subjekts im neuen Mediensystem und die Versetzung beziehungsweise Verschmelzung des Subjekts im neuen Biologismus. Die Pointe dabei ist, daß die nunmehr durchaus als Sozialutopien angebotenen Futurismen ohne Subjektutopien auskommen, ja mit der Fröhlichkeit der guten Botschaft Subjektutopie für überflüssig erklären. Da ich nicht Biologe bin und die Medienwissenschaft, sofern sie keine Technologien beschreibt, sondern Anspruch auf Kunsterläuterung erhebt, für Humbug nehme, kann ich auf die unterschiedlichen Gehalte dieser Prophetien eines neuen Menschen nicht eingehen und verweise auf das tägliche Verzeichnis der medial-biologischen Ereignisse in den Zeitungen.

Hier soll es ausschließlich um die Funktion der beiden Utopien im Kontext einer hypothetischen Utopie beziehungsweise Zeittheorie gehen. Zunächst: Die Vernetzung und die Verschmelzung des Subjekts hat schon deshalb das Vielversprechende des utopischen Vorgehens, als nunmehr die jammervolle Epoche des von Michel Foucault ausgerufenen Verschwindens des Subjekts zu Ende gegangen ist. Zu Ende gegangen ist nicht die Anschauung vom Ende des Subjekts, aber ihr Zuendegegangensein wird dem Foucaultschen antiutopischen Ansatz zuwider utopisch verklärt: Die Verklärung tut ganz das, was Foucault in *Die Ordnung der Dinge* sardonisch beschrieb: »Die Utopien trösten; wenn sie keinen realen Sitz haben, entfalten sie sich dennoch in einem wunderbaren und glatten Raum, sie öffnen Städte mit weiten Avenuen, wohlbepflanzten Gärten, leicht zugängliche Länder, selbst wenn ihr Zugang schimärisch ist.«

Das ist erkennbar auf die großen Raumutopien gemünzt, und Raumutopien sind eben auch die Hochrechnungen des Subjekts in den neuen Medien- und Biosystemen, und sie beziehen gerade hieraus offenbar ihre Faszination bei den Gläubigen. Auf einzelne Belege kann verzichtet werden, sie drängen sich dem Interessierten auf. Festzuhalten bleibt: Es handelt sich um Sozialutopien, die nachdrücklich der Subjektutopie nicht bedürfen. Und zwar in doppelter Weise nicht:

Sie suggerieren fremde Welten, in denen der Status des Subjekts nicht geklärt ist. Und die Suggestion selbst vollzieht sich, ohne daß dabei der reflexive Akt des Subjekts notwendig wäre.

Nun geht die utopische Funktion des utopisch verklärten Internets und des utopisch verklärten Gens natürlich über die Entlastung von kulturpessimistischem Antihumanismus hinaus, der noch immer ein Kind der anthropologischen Kritik gewesen und deshalb durchaus noch in der transzendentalen Reflexion verankert ist. Hiermit kehren wir zum archimedischen Punkt zurück, bei dem die Frage, wie man heute Zukunft zu denken hat, beginnen muß: zum erkenntniskritischen Apriori unseres Denken- und Fühlenkönnens. Denn – Subjektferne hin oder her – ich komme ja niemals aus dieser allerersten Bedingung heraus: daß ich hier sitze, etwas wahrnehme und etwas fühle. Das nimmt mir die Information über das Medienvermittelte oder gar Mediendeterminierte nicht ab, es sei als Ablenkung. Selbst wenn nur ein einziger Mensch als denkendes und nicht als vermitteltes Subjekt übriggeblieben wäre, gälte dies. Es gälte noch immer die Erkenntnis des Novalis: »Wir träumen von Reisen durch das Weltall: Ist denn das Weltall nicht in uns? Die Tiefen unseres Geistes kennen wir nicht. Nach innen geht der geheimnisvolle Weg. In uns, oder nirgends, ist die Ewigkeit mit ihren Welten, die Vergangenheit oder die Zukunft.«

Man wird sagen: Doch die Tiefen unseres Geistes sind sehr viel weiter erforscht als zur Zeit des Novalis, weshalb dessen Idee von Geist uns nicht mehr betrifft. Dieser Einwand gilt nur in sehr positivistischem Sinne eines aktualisierten Spezialwissens, nicht in dem Sinne, wie Novalis ihn verstand. Der naturwissenschaftlich außergewöhnlich Gebildete und von den naturwissenschaftlichen Erkenntnisprozessen seiner Epoche zutiefst Faszinierte hat als philosophisch Trainierter niemals die Prioritäten verwechselt, wobei es nicht als Einwand gelten kann, daß in seinem Falle Philosophie spekulativer Idealismus à la Fichte, das heißt Subjekttheorie, hieß. Denn diese ist selbst nicht von der modernen Philosophie oder Systemtheorie wirklich außer Kraft gesetzt worden; wie immer auch Husserls Begriff der »Intentionalität« als Kernkategorie der modernen Subjekttheorie inzwischen selbst wiederum hinterfragt, kritisiert und umformuliert wurde. Entscheidend an Novalis' Sätzen ist: Die postmoderne Faszination am »Draußen« Foucaults, das ja schon in der Jugendstilästhetik des jungen Hofmannsthal vorgedacht wurde, hat sich als ein Denkreiz zum Distinktionsgewinn herausgestellt und konnte die Gültigkeit des Novalisschen Gesetzes von der Priorität unserer Subjektivität nicht vergessen machen.

Die Sätze Novalis' sind zunächst eine Aussage über die Subjektpriorität unseres Denkens, betreffen eine erkenntnistheoretische Problematik. Sie sind dann aber auch, und das gibt ihnen ihre Aktualität für unsere Thematik, eine methodische Anleitung zur erneuten Befragung des utopischen Potentials unseres Hier-und-Jetzt-Gefühls. Es gilt: »In uns, oder nirgends, ist die Ewigkeit mit ihren Welten.« Das ist die Umkehr des Hofmannsthalschen Satzes aus dem *Gespräch über Gedichte*: »Wollen wir uns finden, so dürfen wir nicht in unser Inneres hinabsteigen: Draußen sind wir zu finden, draußen.« Von dem »Draußen«, von dem Hofmannsthal spricht, werden fünfzig Jahre später Foucault und Kristeva sprechen. Es betrifft den Status unserer Rede, insofern sie poetisch spricht, das heißt jenseits der alltäglichen oder wissenschaftlichen Normalsprache. Foucault erläuterte diesen Gedanken in *Das Denken des Draußen* folgendermaßen: »Das ›ich denke‹ führt nämlich zur unanzweifelbaren Gewißheit des Ich und seiner Existenz: Das ›ich spreche‹ hingegen läßt diese Existenz zurückweichen, zerstreut sie, löscht sie aus und läßt nur einen Leerraum bestehen. Das Denken vom Denken mit seiner noch älteren Tradition als der der Philosophie hat uns gezeigt, daß es uns in die tiefste Innerlichkeit führt. Das Sprechen vom Sprechen führt uns durch die Literatur, aber vielleicht auf anderen Wegen auch zu diesem Draußen, dahin, wo das sprechende Subjekt verschwindet.«

Foucault sah das Auseinandertreten des dezentrischen Sprechens und des Selbstbewußtseins des Subjekts in den neu erforschten Mythen, in der Psychoanalyse, ja in jedem aktuellen Schreibakt. Aber er sah es als Formation einer anderen Moderne selbst, als de Sade und Hölderlin die Verinnerlichung des Selbstbewußtseins à la Hegel gesprengt hatten, indem sie die Erfahrung des Draußen entdeckten. Auch Julia Kristeva bezieht ihren Begriff vom dezentrierten Subjekt von einer Kombination aus moderner Poesie und Psychoanalyse: das Semiotische, das die Ordnung des Symbolischen verletzt. Es geht um die Zurückdrängung des transzendentalen Ego in der Sprache, sei sie cartesianischer oder phänomenologischer Herkunft. Die linguistische Bedeutung des Kristevaschen Symbolbegriffs zielt im Unterschied zu Hofmannsthals untheoretischer Verwendung aber auf die gleiche Trennungslinie zwischen bewußter und unterbewußter Zone und verweist ebenfalls auf das Opferritual; zwar ist dieses in der Theorie Kristevas gerade der Beginn der symbolischen Ordnung, das heißt des kulturellen Diskurses, während es bei Hofmannsthal umgekehrt die rein poetische Sphäre repräsentiert, im Verständnis Kristevas also die semiotische. Aber in beiden Fällen ist die gleiche Tangente beider Kulturbereiche benannt, im einen Falle theorievermittelt, im anderen Fall unmittelbarer, wenn auch poetologisch.

Worauf es nun bei diesen Beispielen einer Subjektdezentrierung ankommt für unsere Frage – es ließen sich weitere Beispiele, vor allem Georges Bataille, hier anfügen –, ist das utopische Moment daran, auch wenn Foucault, wie schon gesagt, die klassische Utopie ironisiert: die Überredung, es gebe jenseits des Subjekts etwas zu gewinnen, das unbekannte Land, von dem auch der neue Biologismus und die Medienästhetik, wenn auch theoretisch bescheidener, schwärmen. Zu erkennen, daß poetische Sprache und poetisches Sprechen einen metaphorischen Raum eröffnen, in dem nicht nur Willensakte des sozialen Subjekts vollzogen werden, ist das eine, seit der romantischen Sprachphilosophie Friedrich Schlegels, Kleists und Walter Benjamins gar nicht zu Bestreitende. Insofern ist die Rede vom Verschwinden des Subjekts eine Erkenntnis innerhalb der hermeneutischen Wissenschaften, die sich noch weiter verbreiten sollte, vor allem angesichts des neuen Biographismus, der sich auch von der Lust am Transsubjektiven nährt, da er selten vom *künstlerischen*, sondern durchweg vom *kulturellen* Subjekt redet, das heißt das Spezifische eines imaginativen Ichs hinüberredet in das Konventionelle des kulturellen Systems beziehungsweise die Exotik des kollektiven Zeitalters. Daraus aber einen Glaubensakt dergestalt zu formulieren, der einredet, hinter unserer Subjektwelt gebe es für uns eine andere, transsubjektive Welt zu gewinnen, das ist das andere: der objektivistische Utopismus, den Novalis' Formel ahnungsvoll bezüglich der neuen Naturwissenschaften mit aller Klarheit in Frage stellt. Es gibt für uns nach wie vor jenseits von uns nichts zu gewinnen. Und selbst wenn wir in Novalis' Begriffen den Verweis auf die abenteuerlichen Zonen der innersten und unbewußten Seele fänden, so ändert das nichts daran, daß man am Subjekt als Ausgangspunkt für die Antizipation der Zeit nicht herumkommt: In uns ist die Zukunft.

Die ganze Zukunft ist die kurze Gegenwart

Was aber zeigt sich dann? Zunächst: eine sehr kurz bemessene Zukunft. Es ist einer der verwunderlichen paradoxen Umstände der vorweggenommenen Zeit als Utopie, daß die negative Zukunftsaussicht des träumenden Subjekts, der Tod, dieses nicht daran gehindert hat, solche Langzeitträume zu erleben, wie sie zu Beginn genannt worden sind. Denn was läge näher als zu sagen: Mich interessieren solche Hochrechnungen nicht. Meine eigene Rechnung steht auf einem anderen Blatt. Meine Lebenszeit hat mit der Weltzeit nichts zu tun, auch wenn die Philosophen mir das seit Jahrhunderten einreden. Meine Rechnung ist eine *Augenblicks*rechnung. Jedenfalls wenn wir einmal davon ausgehen, daß die genannten, nicht bloß christlichen Vertröstungen auf personale Transzendenz nicht mehr als verbindliche generelle Bewußtseinsbildung angenommen werden können, sogar nicht mehr im theologischen Diskurs.

So zurückverwiesen auf eine transzendenzlose Existenz bedeutet aber – bezogen auf die Zukunftsbeschränkung – zweierlei: Es bedeutet zunächst die Absehbarkeit meines zeitlichen Endes – in sich schon der absolute Widerspruch zum utopischen Bewußtsein, denn damit ist die absolute Zukunftslosigkeit meines Ichs angesagt. Zum anderen bedeutet es das Einrücken dieses Endes in die zur Verfügung stehende Zeit selbst. Wenn ich gar keine Aussicht auf die Verewigung meines Ichs habe, dann tritt die eigentümliche temporale Struktur der einzelnen Augenblicke um so mehr ins Bewußtsein, die sehr früh, vornehmlich von Augustin, analysiert worden ist, auf den sich wiederum Husserls *Phänomenologie des inneren Zeitbewußtseins* berief, ohne daß einer von ihnen daraus eine Theorie der defizitären Zeit abgeleitet hätte. Davor waren beide durch ein Ewigkeitsargument gewappnet: der eine durch die Annahme der nahenden Ewigkeit Gottes, der andere durch die Annahme des Ewigkeit schaffenden transzendentalen Bewußtseins.

Was ist das Bewußtsein defizitärer Zeit nun genau? Es zieht die moralische und psychologische Konsequenz aus der Augustinischen Analyse des umschlägigen Augenblicks: Indem jede Erfahrung oder jedes Erlebnis des kürzesten Zeitmoments im Augenblick der Erfahrung schon zu Ende ist, verbleibt mir als Erlebendem nur die Reflexion auf das zeitlich schon zurückliegende Erlebte. Ich trete permanent in den Zustand einer schon vergangenen Gegenwart. Obwohl diese Konsequenz jedermann ziehen könnte, ist sie eigentlich ausschließlich im poetischen Diskurs zu finden, im 19. Jahrhundert bei Goethe, Leopardi, Baudelaire; im 20. Jahrhundert bei Kafka und Cioran, also bei herausragenden Künstlern von gleichzeitig großer intellektueller Bedeutung, weil ihre Motive Denkformen wurden. Ohne auf die imaginative Bewandtnis der defizitär empfundenen kurzen Zeit hier näher einzugehen, ist ihr gedanklicher Stellenwert im Kontext hoffnungsvoller zeitlicher Antizipation zu erwägen. Offenkundig ist, daß hier ein melancholisches Bewußtsein arbeitet. Es gewinnt von Aussichten in die Zukunft weder eine allgemeine noch eine persönliche Freude beziehungsweise Angst. Aber nicht infolge einer qualitativen Beurteilung zukünftiger Zeit, sondern aus Desinteresse an einer solchen Beurteilung, das sich als Konsequenz aus dem defizitären Gegenwartsbewußtsein selbst ergibt. Damit haben wir aber ein Argument gegenüber der geistesgeschichtlich verbürgten gängigen Antizipation der Zukunft zur Hand, die mit Beginn des 20. Jahrhunderts viele Auswüchse zeitigte. Denn vor der Gegenwartsanalyse der genannten Dichter wird ganz unverständlich, warum die utopische Antizipation der Philosophen ohne diese auskommen will. Das gilt nicht nur für Ernst Blochs *Geist der Utopie*, sondern selbst noch für Heideggers *Sein und Zeit*, dessen »Sein zum Tode« ja selbst wiederum ein Versprechen enthält.

Es ist für das Kriterium der Subjektivität, also meines jeweiligen Gegenwartsbewußtseins, aber nicht notwendig, daß es im erläuterten Sinne defizitär ist, um die futuristische Antizipation als irrelevant erscheinen zu lassen, sondern in einem konventionellen Sinne. Es genügt zunächst die Nachdrücklichkeit und Intensität eines jeweiligen Ichs im Augenblick der Zeit. Die Melancholie des Dichters ist ja nicht als eine autobiographisch-psychologische zu verstehen und daher anthropologisch verallgemeinerbar, sondern sie ist ein imaginatives Konstrukt, gleichwohl sie von diskursiver Relevanz ist. Sprechen wir also nicht von der Melancholie des Dichters, sondern vom heftigen Ichgefühl jedermanns in Zeitmomenten, die sich wiederholen und ebenfalls Melancholie ermöglichen. Je stärker ein solches Gefühl ist, je mehr wird das, was es fühlt, spürt, dann auch denkt, mit der Verarbeitung subjektiver Daten zu tun haben. Und diese subjektiven Daten stammen notwendigerweise aus der Vergangenheit, wobei die Erinnerungs*form* hier ganz unbeachtet bleiben mag.

Vergangenheitsbezogen ist auch das nichtpoetische Ich von der Melancholie betroffen, und hier nun, im Zentrum der Subjektivität, läßt sich die Begründung für zeitantizipatorische Bewußtseinsakte ansetzen: Der zeitantizipierende Bewußtseinsakt fungiert als Ablenkung und als Tröstung des melancholischen, vergangenheitsorientierten Ichgefühls: »Die

Vorstellungen der Vorzeit« – so Novalis – »ziehen uns zum Sterben, zum Verfliegen an. Die Vorstellungen der Zukunft treiben uns zum Beleben, zum Verkürzen, zur assimilierenden Wirksamkeit. Daher ist alle Erinnerung wehmütig, alle Ahndung freudig.« Novalis sagt nichts über die Priorität der Erinnerung vor der Ahndung, sondern beläßt es bei einer strukturellen Parallelität. Es ist aber naheliegend, der Erinnerung als einem in phänomenologischer Hinsicht ersten Bewußtseinsakt Priorität einzuräumen. Der zweite Akt, die Voraussicht in die Zukunft, wäre dann aber nicht bloß als ein zeitlich nachfolgender, sondern auch strukturell anderer zu werten: eben als Funktion des ersten, sei es als Aufhebung des kontemplativ-melancholischen Zustandes, sei es als Ablenkung vom Ich überhaupt.

Das gilt selbst für die dem Kriterium jeweiliger Gegenwart entgegenkommenden Zukunftsbeziehungen des existentialistischen Seinsbegriffs: die Möglichkeit zum Sein im Sinne Heideggers oder das auf Zukunft hin entworfene Sein Sartres, auch wenn dessen Gegenwartsbegriff, der die Zukunft erst ermöglicht, theoretisch negativ gefaßt ist. Der Begriffsformalismus Sartres von 1942 ist so opportunistisch gesetzt, daß man ihm nicht über den Weg traut, was seine Zukunftsgewißheit anbetrifft. Hinzuzufügen ist hier nur der Hinweis, daß Michael Theunissens Analyse der Sartreschen Auffassung von der Zukunft in der Grundstruktur des Bewußtseins noch einmal an die Notwendigkeit erinnert, das Deuten der Zukunft nur auf der Grundlage einer Phänomenologie der Gegenwart vornehmen zu können. Unbestreitbar bleibt, daß zu einem Gegenwartsgefühl gehört, daß ich sie plötzlich vergessen kann und plötzlich das, was jetzt nicht ist, denke. Dagegen ist im Namen des starken Ich- und Jetzt-Begriffs gar nichts einzuwenden. Es gehört zur Notwendigkeit des gegenwärtigen Bewußtseins, sich in die Zukunft zu versetzen, ganz im Sinne einer *gegenwärtigen* Träumerei. Entscheidend bleibt: Wenn man die Zukunft in solch einem funktionalen Sinne gegenwartsbezogen begreift, wird ihr Gehalt aber nicht mehr absolut, sondern nur relativ eigenständig sein können. Eine Zukunft, die nicht als Zukunft der Individualität gedacht ist, wird in Zukunft schwerlich die Phantasie anziehen.

Hier liegt die historische Differenz zu den Zukunftsantizipationen des 19. und 20. Jahrhunderts. Dafür gibt es auch das Indiz einer psychologischen Beobachtung: An utopisch gesinnten Menschen, vor allem Anhängern von politischen Utopien, fiel immer schon eine spezifische Ichschwäche auf. Wenn sie nicht von ihren zukunftsbezogenen Überzeugungen sprachen, wurde ihre Rede seltsam leer. Das gilt selbst für intellektuell ausgewiesene Persönlichkeiten, die weit entfernt sind von der sektiererischen Variante der Utopie: Sie wirken naiv, nicht weil sie etwas Zukünftiges wünschen oder dessen Eintreten für gewiß hielten, sondern weil sie über ihre eigene Gegenwart nichts zu sagen wissen, selbst wenn sie es wollten. Nun können dies ohnehin die allerwenigsten, weshalb hier, im Reden über die Gegenwart, ja auch die Potenz der poetischen Rede liegt und das Reden von Zukunft ansonsten so massenhaft verbreitet ist. Ähnlich gegenwartslos wie der Utopiker ist der Historist, derjenige Historiker, dessen geistiges Bewußtsein nicht von seiner eigenen Gegenwart, sondern von historischen Daten beherrscht wird (nicht zu verwechseln mit historischer Erinnerung). Auch hat das jeweils in der Zukunft oder in der Vergangenheit Gesuchte seine Ähnlichkeit darin, daß es exotisch bleibt, nicht eigentlich verinnerlicht werden kann: Ob das biologisch Fremde oder historisch Fremde – in beiden Fällen ist das Subjekt nicht eigentlich betroffen. In der Gegenwartslosigkeit unterscheiden sich Utopiker und Historist von Menschen der religiösen Hoffnung. Auch diese antizipiert, aber nicht unter der Bedingung des Ichverlusts, sondern ganz im Gegenteil unter Einbringung des starken Ichgefühls. Man kann soweit gehen und sagen, daß der Glaube an die christliche Transzendenz die einzige adäquate Alternative zur poetischen Negativität der Gegenwart darstellt. Nicht von ungefähr haben für die Kritik so repräsentative Geister wie Kant oder Heine den Gedanken an eine Nichtexistenz Gottes in praktischer Hinsicht verworfen, auch wenn sie theoretisch über sein Sein nichts aussagen wollten. Insofern war die Rede von der Religion als Opium des Volks nicht nur zynisch, sondern falsch: Die politische Utopie stellte seit jeher das Opium für das Bewußtsein von Gegenwart dar, nicht bloß für das Volk, sondern für die Intelligenz.

Ziehen wir aus diesen Überlegungen die Folgerung für den künftigen Status der Rede von der Zukunft: Sie ist nur als subjektverankerte denkbar. Sie ist ebenso wie die Erinnerung das legitime Kind unseres Gegenwartsgefühls, solange diese Bindung nicht verlorengeht und sich statt dessen autonome Phantasmen herausbilden. Das bedeutet, daß man es fürderhin nicht mehr mit Zukunftserwartungen oder Berechnungen vom Typus der klassischen Utopie zu tun haben wird. Daß die popularisierten biologischen Hochrechnungen eben die Struktur klassischer Utopien haben, desavouiert sie allein schon intellektuell. Es muß sich vielmehr um dezisionistische Vorannahmen handeln, in denen Hoffnungen und Befürchtungen eine Rolle spielen, ohne daß diese über ideologisch-futuristische Inhalte festgezurrt werden.

Heißt das dann, daß man überhaupt kein objektives Interesse an der Zukunft mehr haben wird? Es gibt gerade innerhalb aktueller Kunst- und Musikszenen eine solche Tendenz. Der Popkünstler Brian Eno, so berichtet Stewart Brand, sagte über die Künstler seines Milieus: »Keiner investierte irgend etwas in die Zukunft«, ihr »›Jetzt‹ bedeutete ›diese Woche‹«. Brand zitiert aus einem Gedicht der polnischen Schriftstellerin Wisława Szymborska: »Sage ich ›Zukunft‹, / Ist die erste Silbe schon Vergangenheit«. Darin ist aber, obwohl es sich um die gleiche Zeitstruktur handelt, nicht der oben erläuterte defizitäre Augenblick und die sich anschließende poetische Melancholie ausgesprochen, sondern die temporale Brüchigkeit jeder Zukunftsvorstellung als langer Zeit. Demgegenüber plädiert Stewart Brand für ein langes Jetzt, weil nur ein solches Zukunftsentwürfe in sozialer Verantwortlichkeit absichere, nämlich bezüglich des langen Jetzt einer künftigen Gegenwart. In diesem Sinne wird eine soziologische Diagnose berufen: »Wenn man geistig immer atemlos ist, weil man sich ständig um die Gegenwart kümmert, bleibt einem keine Kraft mehr, sich die Zukunft vorzustellen.« Es ist evident, daß es sich bei dem Anspruch einer jeweiligen Gegenwart gegenüber der Zukunft nicht um derlei Subjektivierung handelt, daß die Problematik objektiver Zukunftsbezogenheit also nicht in sozialpsychologischen Zuständen begründet ist, sondern allein im erkenntniskritischen Argument.

Was ist dann aber von unserer Zukunft zu sagen? Es drängt sich die Antwort auf: Das, was jetzt ist. Es wird immer die Gegenwart einer Zukunft sein, die ihrerseits Zukunft entwirft. Das haben alle Gegenwarten gemeinsam: daß sie sich im Akt einer Ablenkung vom Ich der Subjektivität einem objektiven Ich, das ist die Zukunft, die Veränderung, zuwenden. Hierin liegt der Drive aus der Gegenwärtigkeit, nicht in einer tatsächlich beglaubigten Veränderung. Die Differenz zwischen der Gegenwart der Gegenwart und der Gegenwart der Zukunft aber wird – den technologischen Hochrechnungen zum Trotz – minimal sein. Minimal nämlich ist die Differenz des jeweiligen Gegenwartsbewußtseins geworden, wie man am Vergleich unseres Bewußtseins mit dem vor zwanzig, ja vor fünfzig Jahren erkennt: Es handelt sich immer wieder um eine Intensität der Jetzt-Erfahrung, deren utopisch-futuristisches Element schrittweise abgenommen hat; nicht aus Resignation, sondern weil die objektivierte futuristische Phantasie zum Kindheitsstadium der Moderne gehört. Was bleibt, ist also der gegenwärtige Impuls auf das Nächstgegenwärtige und das Gegenwärtige danach: als Zwiegespräch mit dem Noch-nicht, als Kunst der Hypothese, als Abwehr der Melancholie. Was dabei als Vorstellung entsteht, kann zukünftig werden: als Prozeß des Jetzt, nicht als in der Zukunft Vorhergesehenes.

IV. Augenblicke mit abnehmender Repräsentanz

Das Problem der Epiphanie in der Dichtung der klassischen Moderne

Das Wort »Augenblick« ist uns allen geläufig: In der banalen Alltagssprache heißt es »einen Augenblick mal« und meint die kurzfristigste zeitliche Ankündigung von etwas. In der gehobenen, wenn nicht sogar erhabenen dichterischen Sprache ist die bis heute berühmteste Wendung die von Goethes Faust, die Bedingung der Wette mit Mephisto einleitende: »Werd' ich zum Augenblicke sagen: Verweile doch! du bist so schön!« Seit Goethes Satz ist die besondere metaphorische Dignität des deutschen Wortes »Augenblick« im Vergleich zum französischen und englischen »instant« besonders bewußt geworden.

In der Differenz von Alltagsrede und dichterische Rede sind auch schon die beiden Bedeutungsvarianten, um die es hier geht, angekündigt: Augenblick, buchstäblich genommen, als das Zeitelement, das der Blick eines Auges braucht, und Augenblick, der für eine Ewigkeit anhält. Soweit zur begrifflichen Komplexität des Wortes. Als geistesgeschichtliches Faktum wäre vorauszuschicken, daß das Wort »Augenblick« seit der frühgriechischen Poesie den Stellenwert des Zeichens für Transzendenz besitzt. Das gilt noch für die Existenzphilosophie Kierkegaards, dessen Einfluß auf die literarische und philosophische Moderne ja beträchtlich war. Und das gilt natürlich für Walter Benjamins geschichtsphilosophische Aufladung des Wortes.

Hier soll es aber nun um Augenblicke mit abnehmender Repräsentanz, das heißt: verschwindender Transzendenz gehen, also um das Problem eines temporalen Modus in der modernen Literatur, der einerseits ganz offensichtlich dem Ephemeren des Daseins entspricht, andererseits sich aber gerade daraus besondere Bedeutsamkeit holt. Dieses ausgezeichnete Zeitmoment ist von der Forschung inzwischen als ein zentrales Thema moderner Literatur erkannt worden. Der Begriff »Augenblick« ist seither Forschungsgegenstand. Förderlich bei seiner Erkenntnis ist – das wird nunmehr deutlicher –, wenn dabei verschiedene Werke der klassischen Moderne ins Blickfeld gerückt werden, so daß über die geistesgeschichtlichen und monographischen Einblicke hinaus Erkenntnisse zur Struktur gewonnen werden. Es ist fruchtbar, die Ansätze zu einer augenblicksvergleichenden Analyse fortzusetzen und dabei sich zunächst über die semantische und symbolische Komplexität des Begriffs klarzuwerden. Denn dabei wird das dieser Thematik unterliegende Problem, nämlich die geistige Referenz der dem ausgezeichneten Zeitmodus eigenen Emphatik, in aller Klarheit erscheinen. Verkürzt und formelartig gesagt: Es ist vom Augenblick mit Ewigkeitsanspruch der Augenblick als Moment ohne Dauer zu unterscheiden. Der mit Ewigkeitsanspruch ausgezeichnete Augenblick hat sein Paradigma in Goethes erwähnter faustischer Sentenz vom Augenblick, der verweilen soll. Dazu könnten auch »Epiphanie«-Formen spiritueller Ereignisse gerechnet werden. Beispielhaft zu machen wäre hier Hölderlins in der *Patmos*-Hymne (1801) geschildertes Pfingstgeschehen und Heideggers in seiner Hölderlin-Lektüre entwickelter Begriff eines emphatischen »Jetzt«. Aber es ist schon absehbar, daß ein solcher Status des Augenblicks bezüglich einer ewigen Zeit oder eines transzendent aufgeladenen Zeitpunkts nicht eigentlich der »Augenblick« ist, den die moderne Literatur, vornehmlich die klassische Moderne so sehr geprägt hat und wovon hier zu reden ist. Denn die klassische Moderne bezieht sich nicht mehr wie Pindar auf die Götter oder wie Kierkegaard auf Gott. Nichtsdestotrotz bleibt er als Beziehungsbegriff zentral, weil vor ihm genauer ermittelbar ist, inwiefern denn nun die Alternative zur Transzendenz, der Augenblick als Moment ohne Dauer, also die berühmte »Plötzlichkeit« der klassischen Moderne, wirklich ohne den metaphysischen Bezug ausgekommen ist. Denn in der Doppelheit von Emphatik und undeutlicher Begründung dieser Emphatik liegt ja die eigentümliche Bewandtnis einer solchen »Plötzlichkeits«-Struktur, wie sie an Texten von James Joyce, Virginia Woolf, Proust, Musil, Kafka, Walter Benjamin und nicht zuletzt an Texten des französischen Surrealismus auffällt. Ja, es ließe sich die zeitgenössische Popliteratur noch einbeziehen: von Brinkmann bis Goetz. Man könnte auch von einer ausbleibenden Referenz sprechen. Hier ist Wagenbaurs Unterscheidung zwischen »epiphanem«, »romantischem« und »postmodernem« Augenblick insofern erhellend, weil für diese Reihe die abnehmende Präsenz eines Gehalts des Augenblicks als Kriterium gilt, auch wenn dies bei Wagenbaur performancetheoretisch gedacht ist, das heißt als Präsenz des Schreibaugenblicks selbst und außerdem den Nachteil einer teleologisch-geschichtsphilosophischen Begründung hat. Ohne die ohnehin begrifflich nicht streng analogen Kategorien zu übernehmen, kann man grob sagen, daß der epiphane Augenblick sowohl in Texten Goethes, Hölderlins als auch Heideggers auftritt, während der romantische Augenblick, wo also die Präsenz von etwas Erscheinendem zwiespältig anwesend wird, in den hier behandelten Texten der klassischen Moderne festzustellen ist.

Bevor ich dies näher verdeutliche, sei betont, daß literaturhistorische oder gar geschichtsphilosophische Bestimmungen hier nicht weiterhelfen: Man kann das Auftreten des temporal begrenzten Modus des plötzlichen Augenblicks in der Literatur der klassischen Moderne – in Opposition zum ewigen Augenblick des deutschen Idealismus – nicht einfach geistesgeschichtlich-historisch erklären. Die moderne Plötzlichkeit ohne Referenz hat durchaus analoge Formen schon in der romantischen Literatur, und zwar an bewußtseinsgeschichtlich repräsentativen Stellen: Kleists Erklärung etwa der Französischen Revolution aus einer jähen Zufälligkeit, ja die sprachphilosophische Begründung des entscheidenden Einfalls beim rednerischen Argument – im berühmten Prosastück über *Die allmähliche Verfertigung der Gedanken beim Reden* – läuft auf nichts anderes hinaus, als das plötzlich auftretende Ereignis von jeglicher Referenz einer Causa abzutrennen. Der Bericht Rousseaus von einem jähen Sturz auf den Höhen von Ménilmontant, im *»zweiten Spaziergang«* hervorgerufen durch eine plötzlich auftretende Dogge, betont den einzigartigen Augenblick, der darin exzelliert, daß er nur Gegenwart ist, ohne identitätsstiftende Reflexion und nichtsdestotrotz von sehr hoher Intensität des Gefühls. Und schließlich enthält die Schilderung Montaignes von einem beinahe tödlich verlaufenden Sturz vom Pferde – eine Episode der *Essais,* die wahrscheinlich Rousseaus Bericht wenn nicht angeregt, so doch eingefärbt hat –, eine Phänomenwahrnehmung, die den diskontinuierlich-kontingenten Augenblick hervorkehrt, um so mehr als Montaigne ohnehin den zeitlichen Modus des schieren »Jetzt« sozusagen für sich entdeckt hat.

Alle drei Fälle von Augenblickhaftigkeit ohne ideelle Referenz, die historisch beträchtlich differieren, sind nicht erklärbar aus einer geistesgeschichtlich ähnlichen Motivation, auch nicht aus literarischer Intertextualität (trotz der Rousseau-Montaigne-Beziehung). Sie als Vorzeichen einer Modernität zu erklären, an der sie in unterschiedlicher Weise teilhätten, wäre ein naheliegendes, aber eben teleologisch operierendes Argument, das die Frage nach dem Augenblick ausschließlich historisch erklärte, wo er gerade ein Heraustreten aus der Geschichte darstellt. Insofern ist der Tatbestand des »Plötzlichkeits«-Charakters im definierten Sinne der schwachen Referenz zunächst nicht – einem progressiven Automatismus folgend – über Modernität zu erklären, zumal die zitierten, nicht weniger modernen Beispiele Goethes, Hölderlins und Heideggers eben die metaphysische Referenz enthalten.

Wir können also die Frage des plötzlichen Augenblicks innerhalb der klassischen Moderne in ihrer Beziehung zu metaphysischen Bezugspunkten nicht über mehr oder weniger verdeckt historische Progressionskonzepte entscheiden, sondern ausschließlich über die metaphorisch-semantischen Zeichen. Damit ist die vordergründigste, die historische Referenz schon ausgeschlossen. Wie verhält es sich nun aber mit der metaphysischen, verdeckt, wie sie sein mag? Das liegt bei den einzelnen Autoren, die hier in Frage kommen, unterschiedlich. Am eindeutigsten auf die metaphysische Referenz verweisend scheinen die *Epiphanien* von James Joyce, der schon in der Wahl einer solchen paratheologischen Kategorie auf ein spirituelles Ereignis höherer Ordnung verweist. Denn die Epiphanie kennzeichnet bekanntlich das Erscheinen Gottes, so wie er Moses im feurigen Dornbusch erschien oder der Danae im Blitz. Ohne dies en détail hier noch einmal zu erörtern, sei festgestellt, daß trotz der bei Joyce nachwirkenden thomistischen Bestimmungen der Schönheit in ihren drei Eigenschaften (in James Joyce' Übersetzung der lateinischen Vorlage heißen sie »wholeness«, »harmony« und »radiance«) nicht auf dem ideellen Gehalt des Schönen, sondern auf dem ästhetischen Wahrnehmungsaspekt gegenüber dem Strahlen selbst abgehoben ist. Analog dazu die Zeitauffassung in *A Portrait of the Artist as Young Man*: Es erscheint die reine Immanenz des Augenblicks, nicht die Offenbarung einer Seele: also die Erscheinungsweise eines Sinns. Indem die klassischen Raum-Zeit-Kategorien verschwinden zugunsten phänomenologischer Sensation, entsteht auch keine ideelle Symbolik oder archetypische Metaphorik. Dennoch gibt es eine tiefere Causa. Sie liegt aber nicht in einer dem Gegenstand der Wahrnehmung zugeordneten Substanz, sondern im Glück der Wahrnehmung selbst, im reflexiven »Augenblick«. Wenn man dem Glücksinhalt weiter nachgeht, so stellt sich immerhin eine utopische Naturphantasie ein, die allerdings Element der Wahrnehmung bleibt und sich nicht zu einer Mythologie zusammenschließt. Festzuhalten ist also, daß eine Spannung zwischen gerade noch vermiedener Substanzreferenz einerseits und metaphorischer Herstellung von Faszination andererseits hergestellt ist.

Am nächsten kommt dieser Struktur des Augenblicks ohne Dauer die Darstellung der *Moments of Being* in Virginia Woolfs *Sketch of the Past* (1939/40). Auch hier stellt sich der Augenblick der reinen Erscheinung im Medium von Naturimpressionen dar, wobei die Differenz zwischen Fiktion (bei Joyce) und Autobiographie (bei Woolf) für unser Problem nicht von Gewicht ist. Die Aussagen über erinnerte Phänomenalität von Naturdingen in der Landschaft der Kindheit (St. Ives in Cornwall) rufen keine Bedeutungen ab, sondern vage, kaum bewußte Form- und Farbeindrücke. Aber – hier liegt die erste Analogie zu James Joyce' *Epiphanien* im *Portrait*-Text – sie rufen eine »Ekstase« hervor. Auch hier wird ein theologischer Begriff, nämlich einer aus der mystischen Gotteserfahrung, als emphatischer Ausdruck für Wahrnehmung begriffsloser Vorgängigkeit gebraucht! Ebenfalls taucht der Begriff der »Intensität« auf, der bekanntlich seit geraumer Zeit für die wissenschaftliche Diskussion selbstreferentieller Phänomenalität wichtig geworden ist. Es geht um die Herstellung des vergangenen außerordentlichen Gefühls mittels eines noch anwesenden Gefühls, wobei ein weiterer schon bekannter Begriff, der des »Glücks« (»luck«), auftritt. Es zeigt sich besonders hier, inwiefern die »Augenblicks«-Thematik ganz und gar mit Internität, nicht Externität zu tun hat: mit der die literarische Moderne seit dem Erscheinen von Prousts *Recherche* beschäftigenden Faszination an einer »mémoire involontaire«. Der entscheidende Satz bei Woolf lautet: »Das bedeutet, wie ich annehme, daß mein Gedächtnis das produziert, was ich vergessen hatte.« (»That is, I suppose, that my memory supplies what I had forgotten.«) Der Zustand des Erinnernden selbst wird dabei als Auflösung der personalen Identität aufgefaßt.

Nun bleibt es nicht bei der Darstellung diffuser Wahrnehmung eines seiner Personalität nicht sicheren Subjekts, sondern die wahrgenommenen Phänomene werden unterschieden nach dem Charakter einer ontologischen Markierung. Einzelne wenige Augenblicke des »Seins« (»Moments of Being«) werden von unendlich vielen banalen Zuständen darin unterschieden, daß sie jene Momente von gewöhnlicher physischer Realität (»Momente des Nichtseins«) transzendieren. Für ihren inneren Aufbau entscheidend werden drei Elemente genannt, die – ähnlich denen von Joyce – eine

Spannung von ideeller Referenz und Nichtreferenz aufbauen. Diese Bestimmungselemente des Seinsaugenblicks sind die Plötzlichkeit (»suddenness«), der Schock (»chock«) und die Ganzheit (»wholeness«). Die Plötzlichkeit des Schocks, in dem die imaginäre Erfahrung sich vollzieht, wird aufgefangen im Prozeß ihrer Versprachlichung, woraus »Ganzheit« entsteht, die als »Wirklichkeit hinter den Erscheinungen« (»some real thing behind appearances«) charakterisiert ist. Der objektiven Beziehung, die sich hier sowohl zur zweiphasigen Struktur – wieso zweiphasig, kann ich hier nicht erläutern – von Prousts »mémoire involontaire« als auch zu Benjamins Chock-Begriff herstellen ließe, sei immerhin betont. Wesentlich für unsere Frage nach der metaphysischen Referenz der Augenblickserscheinung – also was denn in einem solchen Augenblick aufleuchtet, beschlossen liegt oder gar signifiziert wird – ist vielmehr der Charakter der »Ganzheit« (»wholeness«). Er ist gegenüber der Kurzzeitkategorie der »Plötzlichkeit« und des »Schocks« eine Kategorie der »Dauer«, ja ein der Zeitlichkeit überhaupt widersprechender Begriff, in dem so etwas wie die Idee von etwas aufgehoben zu sein scheint. Es ist auch von einem »Plan« hinter der »Watte« der banalen Zeitmomente die Rede, der in den »Moments of Being« sich ausdrücke. Handelt es sich etwa um eine platonisch-mystische Idee, von der Virginia Woolf gewollt oder ungewollt doch geleitet ist? Sie stellt sich argwöhnisch selbst in Frage. Nachdem sie »Shakespeare« und »Beethoven« als weitere den Zusammenhang der Materie stiftende Namen genannt hat und diese als »das Wahre« identifiziert sind, kommt es jedoch zur die platonische Ontologie wieder auflösenden autopoetischen Gegenerklärung: »Aber es gibt keinen Shakespeare, es gibt keinen Beethoven und bestimmt und ganz entschieden gibt es keinen Gott; wir sind die Sprache, wir sind die Musik, wir sind das Ding an sich. Und ich sehe das, wenn ich einen Schock habe.«

Während James Joyce sich nicht expressis verbis gegen eine substantielle Identifikation seiner Epiphanien ausspricht, sondern eine solche Identifikation durch die metaphorische Darstellung unterläuft, hält es Virginia Woolf für notwendig, sich ausdrücklich gegen eine transzendente oder idealistische Lesart ihrer Seinsaugenblicke zu verwahren. Sozusagen auch gegen ihre eigene Einflüsterung: Sie sind keine objektiven Himmelsboten, sondern Produkte der Sprache des imaginativen Subjekts, entlassen aus der Produktionsstätte des Unbewußten – wenn es erlaubt ist, den quasipsychologischen Kontext, in dem der Schock-Begriff im obigen Zitat gebracht ist, mit zu Rate zu ziehen.

Nun ist die Selbsterklärung des Künstlers die eine Sache, die Ästhetik theoretischer Prüfung eine andere. Es kann sehr wohl sein, daß man entgegen Woolfs immerhin ex cathedra formulierter Ideenabwehr dennoch die »Moments of Being« als metaphysikbezogene Zeichen lesen kann. Immerhin aber ist es von Belang, daß repräsentative Vertreter der klassischen Moderne sich so nachdrücklich glauben dagegen wehren zu müssen, ihre »Augenblicks«-Phantasie mit Gehalten des Absoluten gleichgesetzt zu sehen. Das gilt interessanterweise, aber nicht überraschend, auch für die *Recherche* von Proust, in der in phänomenologischen Beschreibungskontexten von Stimmungen der Landschaft immer wieder die Versicherung auftaucht, daß es sich nicht um die Identität oder die Identifikation mit einem Absoluten handele. Nirgends wird diese eigentümliche Abwehr des Transzendenten bei Bestehen auf der Intensität begrifflich so faßbar wie in Walter Benjamins Kategorie der »profanen Erleuchtung« oder in Robert Musils Bild von der »taghellen Mystik«. Diese beiden Begriffe enthalten jeweils eine Contradictio in adjecto: Sie sagen einen geistigen Zustand oder eine Geistesrichtung an, die definitiv das Gewöhnlich-Alltägliche ins Spirituelle transzendiert, sie bestehen aber gleichzeitig darauf, daß dies nachdrücklich innerweltlich oder ohne jeden Anflug von Dunkelheit geschieht. Das ist eine für die klassische Moderne überaus vielversprechende Polarisation, nämlich sich transzendent ohne Transzendenz zu verstehen. Hierin unterscheidet sie sich vom psychologischen Gesellschaftsroman des 19. Jahrhunderts, der mimetisch die reine Immanenz darstellt. Man könnte versucht sein, an der aporetischen Doppelheit von Transzendenz ohne Transzendenz eine radikal geistige, ja quasimystische, der Realität absagende Verfassung abzulesen, die sich gezwungen sieht, dabei in Übereinkunft mit einer restlos säkularen, sozusagen entzauberten Welt zu bleiben. Walter Benjamins und Robert Musils Versuche, eine materialistische beziehungsweise rational-szientifistische Methode angesichts ihrer utopischen Thematik zu gewährleisten, erläutert dies in ihrem spezifischen Fall vielversprechend.

Um die alternative Möglichkeit in die eine oder andere Richtung eventuell zu entscheiden, sei Robert Musils Konzeption des »anderen Zustands« auf unsere Frage hin als drittes Beispiel geprüft. Es geht Musil um die von aller Realitätserfahrung und schon Gewußtem gereinigte geheimnisvolle Unmittelbarkeit eines idealen »Jetzt«: psychische Ereignishaftigkeit, noch nicht abgegolten durch das Déjà-vu. Das Ich in dem einen, nie wieder zu habenden Zustand, bevor es wieder zur »Idee«, zur Identität des Charakters wird. Wir haben es hier abermals mit der bekannten Struktur einer Augenblicklichkeit zu tun, die gleichzeitig bedeutend ist! Wie kann sie aber bedeutend sein, wenn nicht eine gewisse konventionelle Vorstellung, das heißt im Falle der hier vorliegenden höheren Ordnung eine Idee des Absoluten, eintritt? Musil besteht nun auf eine besonders originelle Weise, die uns in anderem Zusammenhang noch einmal beschäftigen wird, auf der schieren Faktizität des Vorgängigen: »Am Tun ist wichtig, daß man es tut, am Erleben, daß man es erlebt.« Ein solcher Satz enthält die Emphatisierung des Prädikats bei Zurückstellung des Subjekts. Ähnliches deutet sich in Virginia Woolfs Zurückstellung der Selbstempfindung gegenüber der Sinnesempfindung an. Der Augenblick ohne Dauer, aber sehr wohl voll Bedeutung, läßt sich als eine Erfindung des systemsprengenden phänomenologischen Bewußtseins verstehen. Er wurde vorbereitet in der romantischen Kategorie des »Vaguen«, fortgesetzt im Realitätskonzept des Impressionismus und ist von den hier zitierten, harten, intellektuell hochreflektierten Vertretern der Bewußtseinsmoderne auf seinen aporetischen Modus gebracht worden.

Es gibt aber auch metaphorische Formen, die radikaler noch die Möglichkeit des Augenblickspathos ohne Transzendenz durchexerziert haben, indem sie die Kategorie der Faktizität besonders ernst nahmen, ohne daß dabei eine Musil-Linie im Spiel gewesen ist. Paradoxerweise geschah dies im französischen Surrealismus. Wir beschränken uns hier auf das Werk André Bretons. Zunächst ein Blick auf Bretons berühmte Definition der Schönheit, dem letzten Satz seines Romans *Nadja*: »La beauté sera CONVULSIVE où ne sera pas.« (»Die Schönheit wird *konvulsiv*, oder sie wird nicht sein.«) Man hat sich daran zu erinnern, daß sowohl bei James Joyce' »Epiphanie« als auch bei Musils »anderem Zustand« der Begriff der Schönheit eine zentrale Rolle spielte. Nicht nur in Form der Naturemphase, wodurch idyllische oder heroische Natur aufscheint, sondern als abstraktes oberstes Prinzip des Augenblicksereignisses. In welcher Weise ist Bretons Definition auf das Augenblicksereignis zu beziehen? Zunächst ist mit dem Bild des Konvulsivischen, das mehr noch als ein Beben ein Erzittern oder ein verkrampftes Zucken anzeigt, die Schönheit mit einem Bewegungsvorgang, nicht mit einem Zustand der Eigenschaft gleichgesetzt. Die Schönheit ist der Verlauf eines subjektiven Impulses. Denn in einer der Definition vorherlaufenden Erläuterung verknüpft Breton die Schönheit, um die es im Surrealismus geht, mit der Leidenschaft (»fins passionelles«). Sie wird dabei sowohl von ihrer »statischen« als auch »dynamischen« Form, den historisch bisher bekannten Formen der Schönheit, prinzipiell unterschieden. Sie unterscheidet sich also von der klassischen Schönheit, sei es »der Schatten der Odaliske« oder die »Tiefe der Tragödie« als auch von der romantischen, einem – wie es heißt – »zügellosen Galopp«. Die Konvulsivität wird in ein selbst schon wieder konvulsives, das heißt nicht mehr abbildhaftes Ereignisbild gefaßt: »Sie ist wie der Zug, der im Bahnhof von Lyon ununterbrochen aufsprang: ich weiß, daß er niemals abfahren wird, daß er nie abgefahren ist. Sie besteht aus Stößen, von denen viele gar nicht wichtig sind, die aber, wir wissen es, dazu da sind, einen Stoß herbeizuführen, der es ist. Der alle Bedeutung enthält, die ich mir nicht anmaßen möchte.« Es ist zu betonen, daß hier eine dem Seinsmoment Virginia Woolfs und der Epiphanie Joyce' analoge Bestimmung getroffen wird. Zunächst darf man das Bild der Bretonschen Konvulsion mit dem Bild des Woolfschen Schocks und dem Joyceschen Erzittern in Beziehung setzen, auch wenn im Falle Bretons zunächst ein objektives, im Falle der beiden anderen Texte ein subjektiver Vorgang bezeichnet ist. Die grundsätzliche Nähe im Zentralbegriff der drei Autoren kann noch weiter erhärtet werden, wenn man die strukturelle Ähnlichkeit zwischen Bretons und Woolfs Distinktion des »Stoßes« beziehungsweise des »Seinsmoments« erkennt. Erstens: Der Stoß beziehungsweise der Augenblick, auf den es ankommt, erscheint neben vielen anderen unwichtigen Stößen beziehungsweise unwichtigen Augenblicken. Zweitens: Er ist jeweils mit Bedeutung aufgeladen. Allerdings: Im Unterschied zu Woolfs »Ganzheits«-Kategorie wird bei Breton inhaltlich nicht gesagt, worin die Bedeutung bestünde. Und hierin liegt nun schon die gewichtige Verschärfung des rein Vorgängigen ohne eindeutige Referentialisierung. Aber auch die metaphorische Inszenierung des nie abfahrenden Zuges im Bahnhof von Lyon bedeutet, daß das Ereignis des Schönen im Unterschied zu Woolfs Ereignis des Seinsaugenblicks und zu Joyce' Epiphanie an Selbstreferentialität extrem zugewonnen hat. Wer die nach Luhmann riechenden Worte nicht mag, kann dafür auch Selbstbezogenheit oder – das Problem noch deutlicher benennend – semantische Nichtsignifikanz einsetzen. Die Prädikatisierung des Vorgängigen hat die Bestimmung des Subjekts weit zurückgedrängt. Das ergibt sich nur scheinbar aus der technisch-industriellen Szenerie – der Bahnhof –, die ja zudem auch surreal verfremdet ist. Zwar verringert diese Szenerie im Unterschied zur Szenerie Woolfs und Joyce' die Lesart einer transzendenten Sphäre ohnehin – obgleich man den Pathosgehalt des Eisenbahnmotivs zu diesem Epochenzeitpunkt (1924) nicht unterschätzen darf –, aber die Verlagerung der Bedeutung des Ereignisses ergibt sich aus der Darstellung des Bewegungsvorganges selbst, der hier etwas gleichzeitig Bizarres und Erhabenes bekommt.

Mit der Thematisierung des Schönheitsbegriffs im Kontext des Augenblicks ohne Referenz ist allerdings *eine* unterschwellige Referentialisierung angesagt, wie sie stärker nicht sein könnte. Kommen wir noch einmal auf die Kategorie bei Joyce und Musil zurück. Bei beiden Dichtern läuft die endgültige Identifikation des besonderen Moments auf das Wort »Schönheit« hinaus. Wie schon ausgeführt, bedeutet das nicht, daß Schönheit als eine ideale, metaphysische Größe im Sinne einer der Wahrheit und der Gutheit nebengeordneten Substanz aufgefaßt ist. Bekanntlich hatte Plato im *Phaidros* die Schönheit durch ihren »Glanz«, durch ihr sinnliches Erscheinen, von der »Gerechtigkeit« und »Besonnenheit« unterschieden gesehen. So betont auch Joyce das isolierte Moment der Ausstrahlung an der Schönheit, keinen ideellen Gehalt! Mit allem Nachdruck betont er den Akt der Wahrnehmung und deutet seine Ästhetik als Wahrnehmungsästhetik an. So auch Musil: Er fügt dem Anflug eines ungefähren und plötzlichen Zustands das Wort Schönheit bei, das er nur gelten lassen will, bevor es zum Status eines festen Begriffs geronnen ist.

Gibt das Wort Schönheit der Vorstellung vom Augenblick nun dann noch stärkere Referenz? Oder ist ihm – das wäre der neue Ausblick darauf – umgekehrt die Referenzerwartung endgültig verschwunden und im Wort »Schönheit« die radikalste Substitution eines bestimmten Gehalts durch eine unbestimmte Form vollzogen? In Joyce', Musils und Virginia Woolfs »Augenblicken« wird jedenfalls durch die Identifikation des Augenblicks mit dem Schönen, genauer: dem subjektiven Augenblick mit der Wahrnehmung von Schönem, ein ästhetisches Kriterium vorherrschend, das sich gegenüber metaphysischen Prinzipien sperrt. Gleichwohl – das gilt gerade für diese drei Autoren der klassischen Moderne – bleibt eine spirituelle Atmosphäre erhalten, und diese als mediale Funktion wirkende Atmosphäre richtet die Bedeutungserwartung eben doch in Richtung einer starken Referenz aus, ohne daß dafür ein Begriff eingesetzt werden könnte.

Dies eben liegt im Falle von Bretons Schönheit als Konvulsion anders. Zunächst schon deshalb, weil hier das Begriffsverhältnis umgekehrt ist: Indem nicht der »Augenblick« über die »Schönheit« erklärt ist, sondern die »Schönheit« über den »Augenblick«. Denn dadurch wird die definitivere Kategorie in eine weniger definitive verwandelt. Erst bei Breton wird die eigentümliche Analogisierung von Augenblick und Schönheit in ihre endgültige Inkommensurabilität, aber auch in ihre Notwendigkeit gesetzt: das Schöne als der Augenblick, der Augenblick als das Schöne. Wenn man einbezieht, daß die Kunst und die Literatur des 20. Jahrhunderts als Ganzes in eigentümlich emphatischer Weise sich trotz Dadaismus, Subversion und Concept-Art unter das Gesetz der Schönheit – nicht – wie man vermuten könnte – etwa der Häßlichkeit – gestellt hat, dann bekommt die surrealistische Formel so etwas wie Gesetzeskraft. Daß die Schönheit es ist, die dem Augenblick die Augenblicksqualität verleiht, ist ja nicht eine selbstverständliche Erklärung, die sich aus der emphatischen Struktur schon notwendig ergäbe. Man würde bei literarischen Beispielen des frühen 20. Jahrhunderts eher eine oppositionelle Vorstellung erwarten. Das Häßliche, das Erschreckende, also Qualitäten, die man als Varianten des Erhabenen zu verstehen hätte. Nun ist aber gerade die Schönheit – als das Schöne in der Rede von Rainer Maria Rilke, nämlich als »des Schrecklichen Anfang« – in jener Tradition, wie die Beispiele Joyce und Musil zeigen, zu einer dem Erhabenen ähnlichen Größe hypostatisiert worden und Bretons Anwendung davon ließe sich als die methodische Vermeidung des Rhetorischen dabei verstehen, um neue Unmittelbarkeit zu erreichen. Das Inkommensurable, Geheimnisvolle des Bretonschen Schönheitsaugenblicks wird noch deutlicher, wo er unmittelbar imaginativ-szenarisch dargestellt ist: »Immer schon habe ich mir über alle Maßen gewünscht, nachts in einem Walde auf eine schöne und nackte Frau zu treffen, oder vielmehr, da ein solcher Wunsch, einmal ausgesprochen, nichts mehr bezeichnet, bedaure ich über alle Maßen, ihr nicht begegnet zu sein. Eine derartige Begegnung zu erwarten, ist nicht so wahnsinnig, alles in allem: sie wäre möglich. Es scheint mir, daß *alles* plötzlich aufgehört hätte, ach! ich wäre nicht dabei, zu schreiben, was ich schreibe. Ich halte diese Situation für wunderbar, in keiner anderen hätte ich wahrscheinlich so sehr die Geistesgegenwart verloren. Ich glaube, ich hätte nicht einmal die Geistesgegenwart gehabt zu fliehen (wer bei diesem letzten Satz lacht, ist ein Schwein). Im vergangenen Jahr, an einem späten Nachmittag, ging zwar in der Säulenhalle tatsächlich des ›Electric Palace‹ eine nackte Frau, die nur einen Mantel hätte abwerfen müssen, sehr weiß zwischen den Reihen auf und ab: das war schon bestürzend. Aber unglücklicherweise ist diese Ecke von ›Electric‹ bei weitem nicht außerordentlich, sondern ein Ort uninteressanter Ausschweifung.« Der surrealistische Erotismus, der hier seinen Ausdruck findet, ist ein eigenes Thema, das ich hier nicht behandele, sondern ich frage:

Das surrealistische Ereignis in Gestalt einer nackten Schönen im Walde – was unterscheidet dieses von dem kollektiven Erotismus etwa des Volksmärchens? Zunächst ist eine solche heimliche Verwandtschaft zwischen beiden Genres, dem subjektiven surrealen Topos und der anonymen Überlieferung, zu beachten, hat doch das surrealistische *objet trouvé* – und als solches erscheint die »schöne und nackte Frau« auch – die Faszination eines transsubjektiven, nicht mehr alltagspsychologischen Symbols oder Zeichens. Dann aber tritt als besondere Eigenschaft die Qualität des Bretonschen Ereignisses hinzu, mit dessen Darstellung der *Nadja*-Text anhebt und den besonderen Charakter des Zeichens erklärt. Es sind »Ereignisse, die ihrer Art nach bloß festgestellt werden können, aber sie haben jedesmal ganz das Aussehen eines Signals, ohne daß man genau sagen könnte, was für ein Signal es ist«. Der Signalwert, nicht eine inhaltlich angebbare Botschaft, zeichnet das surrealistische Ereignis aus: Es enthält sogar die rhetorischen Bestimmungen des pseudolonginischen Erhabenen, nämlich »plötzliche Erscheinungsweise«

in der Form des »Blitzes«. Ereignis, also der Augenblick mit Signalwirkung, geht von einer »besonderen, unbestimmbaren Bewegung« aus, die entweder »seltene Gegenstände« oder die »Ankunft an dem und dem Ort« in uns auslösen. Eindeutiger als bei den inhaltlich bestimmteren Qualifikationen der Joyceschen Epiphanie und des Musilschen anderen Zustands – die, wie wir sahen, dennoch reine Wahrnehmungsereignisse sind – ist bei Breton ausschließlich die Vorgängigkeit selbst hervorgehoben. Das surrealistische Ereignis hat keine andere Referenz als die »sehr genaue Empfindung, daß für uns irgend etwas Schwerwiegendes, Wesentliches davon abhängt«.

Die »schöne und nackte Frau« ist ein solches Zeichen-Ereignis in der Möglichkeitsform. Würde sich die Vorstellung ihres Erscheinens realisieren, hätte »*alles* plötzlich aufgehört«. Und der die Erscheinung Wahrnehmende hätte seine »Geistesgegenwart« verloren. Keine inhaltliche Erklärung in bezug auf die die Wirkung auslösende Erscheinung, ausschließlich die Allusionen hinsichtlich des Wahrnehmenden. Theoretisch kommt dieser Beschreibung Nietzsches Charakteristik des dionysischen Augenblicks am nächsten: Plötzlichkeit und Verlust des Selbstbewußtseins. Aber diese Nähe wird wiederum distanziert durch das dionysisch-romantische Pathos Nietzsches: Bretons Darstellung des Ereignisses schließt dagegen ab in einer Relativierung des Ereignisses »nackte und schöne Frau«, in dem dieser ein vulgäres Duplikat zur Seite gestellt wird – als wirkliche Erfahrung in einer realen Amüsierszenerie. Was wird hier relativiert? Offensichtlich der Gedanke an die Realisierbarkeit des Ereignisses. Anders gewendet: Es gehört zum surrealen Ereignis dazu, daß es im Unterschied zu Joyce' und Woolfs »Epiphanie«/»Augenblicken« nicht bloß einen Ausnahmezustand der Psyche anzeigt, sondern prinzipiell eine Anschauungskategorie des Irrealen bleibt, mit dem der Surrealist zeichenreflexiv spielt. Wenn dies durchweg gilt, dann ist jedes surreale Ereignis bedeutungsgemäß auf sich selbst verwiesen und hat notwendigerweise keine substantielle Relevanz.

Walter Benjamin hat trotz seiner Kritik an »störenden Ausfallerscheinungen« des *Nadja*-Textes bezüglich der Profanität seiner Erleuchtung – er wäre nicht profan genug – nichtsdestotrotz in dessen Liebeskonzept die Einheit seiner berühmten Formel von der »profanen Erleuchtung« gewahrt gesehen. Er begründet diese Ansicht in der Bretonschen Aufhebung der Sinnlichkeit, vergleichbar der erotischen Mystik. Ohne diese Analogisierung von Surrealismus und Mystik hier zu diskutieren sei nur festgehalten, daß es Benjamin mit der Gegenüberstellung von Profanität und Erleuchtung aber nicht um das hier erörterte Problem ging: Er verneint nämlich keineswegs eine bestimmte Ursache der Erleuchtung, legt aber Wert darauf, daß diese Ursache nicht spirituell ist, sondern quasi politisch, »den entscheidenden Augenblick vorbereitend«. Das aber ist eine, wenn auch zu wunderbaren Denkbildern führende Verengung des Bretonschen oder surrealistischen Ereignisbegriffs, der – ganz unabhängig von revolutionärer Instrumentalisierbarkeit – die konsequenteste Form von Referenzverzicht darstellt, den die unterschiedlichen Augenblickskonstruktionen aller hier in Frage kommenden Dichter enthalten.

Diese Verzichtserklärung, also dieses Absehen von einer ideellen oder psychologischen Identifikation, wie sie im Hinweis auf den Signalcharakter ohne signifizierenden Inhalt deutlich wurde, ist im *Manifeste du surrealisme* theoretisch formuliert worden: Der »Geist« im »Wachzustand«, so heißt es, habe ein so relatives Gleichgewicht, daß er sich auf die Feststellung beschränke, »daß jene Idee, jene Frau Eindruck auf ihn« mache, er aber »keineswegs fähig« wäre, »zu sagen, welchen Eindruck«. Erläuternd heißt es: »Jene Idee, jene Frau berührt ihn, bestimmt ihn, weniger starr zu sein. Für einen Augenblick bewirkt sie, daß er, von seiner Auflösung getrennt, sich als schöner Niederschlag, der er sein kann, der er ist, im Himmel absetzt. Weil er keine Erklärung weiß, beschwört er dann den Zufall, eine dunklere Gottheit als jede andere, schreibt ihm alle seine Verwirrungen zu. Wer kann behaupten, daß der Blickwinkel, unter dem ihn diese Idee berührt, daß das, was er in den Augen jener Frau liebt, nicht eben das ist, was ihn mit seinem Traum verbindet, ihn an Gegebenheiten kettet, die ihm durch eigene Schuld entfallen sind ...«

Es ist erlaubt, die hier entwickelte Genesis eines Augenblickseinfalls als metaphorisch verfremdete, surrealistische Lesart von Impulsen des Unbewußten zu verstehen, wie überhaupt die surrealistische Variante des ausgezeichneten Moments ohne Referenz sich vielerseits von ihren Anregungen durch eine genuin originelle Lektüre der Freudschen *Traumdeutung* erklären läßt. Das »Daß« der Erscheinung ergäbe sich dann aus dem »Was« des Geträumten! Es gibt zwar eine Ursache für die eigentümliche Wahrnehmung, aber deren Gehalt bleibt eigentümlich rätselhaft: Allein die Temporalität des »Augenblicks« der Wahrnehmung ist betont, so wie das Ausbleiben einer Erklärung. Die wahrnehmungstheoretische Betonung des Augenblicks heißt auch die völlige Aufhebung eines metaphysischen Bezugspunktes im surrealistischen Ereignis betonen. Um so mehr, als die Sprache Bretons dort, wo sie unmittelbar imaginativ wird, also in der zitierten *Nadja*-Passage von der »schönen und nackten Frau«, keine Begrifflichkeit zuläßt, die Referenz bedeutete. Es bleibt bei einem Vorstellungsereignis, das ausschließlich subjektive Faktoren kennt. Daß etwas geschieht, nimmt alle Emphatik in sich auf, die eigentlich dem »Was« gebührt. Das »Was«, nämlich die nackte Schöne im Wald, bleibt ganz Erscheinung. Der Schönheitsaspekt, der bei Joyce und Musil gleicherweise wichtig wurde und dort noch den Anklang an utopische Idealität besaß, ist im surrealistischen Bild verschwunden. Wir haben es nur noch mit der Bilderscheinung des Erotisch-Schönen selbst im Sinne einer surrealistischen Allusion oder Spielerei mit dem Zeichen zu tun, das zu keiner Identität fortschreitet.

Die surrealistische Radikalität, das kontingente »Daß« gegen ein substantielles »Was« auszuspielen, wird von dem formalästhetischen Argument Jean-François Lyotards beleuchtet: Dieser hat in seiner Festbindung des Erhabenen an die Avantgarde im Anschluß an die Bildserie des amerikanischen Malers Baruch Barnett Newman *Here I, II, III* sowie dessen Essay *The Sublime is Now* (1948) die traditionelle Ekstase eines »Jetzt« im Sinne eines Bewußtseinsaugenblicks einerseits und eines anderen Jetzt, das vom Bewußtsein nicht kontrolliert wird, andererseits, unterschieden. Und er erläutert diesen Unterschied mit demselben Argument des »Daß« wie Breton, ohne diesen zu erwähnen: »Daß es geschieht, geht sozusagen immer der Frage nach dem, was geschieht, voraus. Denn daß es geschieht: Das ist die Frage als Ereignis.« Ereignis bedeutet die reine Faktizität des Sich-Ereignens, nicht der Ausdruck des Verborgenen, noch nicht Bestimmten. So wären Newman und ihm folgend Lyotard als die Theoretiker der bis dahin ausformuliertesten Fassung des »Augenblicks« ohne Referenz. Um so mehr als Newman an der Burkeschen Darstellung des Erhabenen ein »surrealistisches« Moment entdeckt, das nach Lyotard bedeutet, daß er am Surrealismus eine vorromantisch-romantische Auffassung des Unbestimmten kritisierte. Lyotard verschärft die Bemerkung Baruch Newmans also so, als ob Newman zwischen romantischer und surrealistischer Kunstauffassung in dieser Frage keinen Unterschied sähe: Und dieser romantischen Symbolkraft setzt er sein referenzloses »Hier und Jetzt« entgegen.

Nun haben wir aber gesehen, daß Breton aus dem erscheinenden Phänomen sowohl imaginativ als auch theoretisch eben diesen Hier-und-Jetzt-Effekt herausholt, so daß die Lyotardsche Abhebung auf Newmans Kritik am Surrealismus sich als eine Rechnung ohne den Wirt herausstellt, zumal Newman das Wort »surrealistisch« sehr metaphorisch benutzt, ohne wirklich auf das Verhältnis zwischen surrealistischem Augenblick und geheimer Referenz einzugehen. Aber selbst wenn Newman sich prinzipiell von einer surrealistischen Behandlung des »Unbestimmten«, also des romantischen Vaguen (Delacroix), hat unterscheiden wollen, dann hätte er das nicht in Hinsicht auf Breton begründen können. Zwar hat Walter Benjamin scheinbar dafür Gründe gefunden, wenn er, wie schon festgehalten, von den Ausfallserscheinungen des Surrealismus bezüglich der »profanen Erleuchtung« sprach und dabei speziell an *Nadja* dachte. Ja, wenn er von »verhängnisvoll romantischen Vorurteilen« bei der surrealistischen Kunst als Reaktion des Überraschten sprach, ist er weit entfernt von unserer Problematik: Benjamin zählt gar nicht auf das Hier und Jetzt, sondern arbeitet an der Konzeption des »Geheimnisses« im »Alltäglichen«. In Benjamins Perspektive entsprach der Surrealismus im großen und ganzen, nicht zuletzt auch Bretons *Nadja*, durchaus diesem Geheimnis im Alltäglichen. Die Referenzlosigkeit des Bretonschen Augenblicks hat Benjamin trotz genauer Kenntnis der Texte gar nicht gesehen; denn für Benjamin ist der »Augenblick« absolut metaphysisch, das heißt mit geschichtsphilosophischer Bedeutung aufgeladen. Baruch Newman wiederum hat wohl die einschlägigen Texte nicht vor sich gehabt. Das gilt gewiß auch für Lyotard, seinem Interpreten in dieser Sache.

Abschließend stellt sich also die Frage, wo das »Daß«-Argument gegenüber der »Was«-Evokation am avanciertesten vorgetragen worden ist, wo der Augenblick ohne Referenz sich am überzeugendsten dargestellt hat. Die Debatte Lyotards mit Newmans *Now* bietet sich als Kriterium zur Entscheidung an. Avanciert soll heißen, am weitesten vom Substanzbezug entfernt. Am überzeugendsten heißt: trotz dieser Substanzlosigkeit den Anschein von intensiver Bedeutung entfalten. André Bretons »Augenblick« scheint überzeugender avanciert zu sein als Lyotards Lektüre von Baruch Newmans *Now*, weil er auf philosophische Erläuterung verzichtet, obwohl Bretons Texte, auch dort, wo imaginativ, immer theoretisch reflexiv sind. Das ist kein methodischer Einwand gegen Lyotard, dem als Philosoph gar nichts anderes übrigbleibt, als in einer Begrifflichkeit der Substantialität zu argumentieren, obwohl er gerade bei der Erfassung des Erhabenen auf etwas ganz anderes abzielt. Aber mit der Anwendung philosophischer Kategorien – Heideggers »Ereignis«-Begriff oder die Spekulation auf ein »Nichts geschieht« – lädt Lyotard den »Augenblick« mit diskursivem Sinn auf, bei dem selbst ein teleologischer Aspekt auftaucht, der jeder hier verhandelten *Augenblicklichkeit* widerspricht. Denn das »Es geschieht etwas« wird übersetzt in Kategorien der Ontologie: Wendungen wie »Lust, das Unbekannte zu empfangen« oder »Freude an der Steigerung des Seins«, wie sie Lyotard für das »Daß« verwendet, enthalten eine objektive, das heißt identitätsstiftende Aussage, während Bretons vergleichbare Sätze immer die Subjektivität betonen oder aber eine reine Vorgängigkeit.

Das ist um so mehr zu betonen, als es in der jüngeren Forschung eine Tendenz gibt, die mystischen Elemente der klassischen modernen Literatur entgegen ihrem modernistisch-atheistischen Ansatz hervorzuheben, die westeuropäischen einschlägigen Texte dabei nur peripher beachtend.

V. Negative Zeitlichkeit, philosophisch

Unter den literarisch sensibilisierten deutschsprachigen Philosophen ist Theodor W. Adorno derjenige gewesen, der die Crux der systematischen Philosophie angesichts unserer Zeitempfindungen – und der literarisch artikulierten Zeitempfindungen besonders – konsequent durchdacht hat, nicht zuletzt als ein Schüler Hegels, der diesem opponieren mußte. Er kehrte als Maxime den Gesetzessatz Hegels »Das Wahre ist das Ganze«, aus dem Hegel die Verwerfung der negativen Zeitvorstellung folgern konnte, um. Philosophisches Denken beginnt mit der Bestimmung des »absoluten Ersten«, indem es dieses nicht konkret bestimmt. Denn in einer solchen Bestimmung läge die Abirrung in ein Sekundäres. Adorno hat die Kritik an dieser logischen Crux des deutschen Idealismus (Fichtes und Hegels Abstraktionsgebot) an den Beginn seines Nachdenkens über Metaphysik und Ästhetik gestellt: Es geht ihm gerade um das von der idealistischen Identitätsphilosophie ins erkenntnistheoretische Abseits gestellte Heterogene des Begriffs. Dazu gehörte auch das nicht aufgehobene unmittelbare Jetzt. Unter das von der Philosophie ausgeschlossene Heterogene fallen eine Reihe von weiteren ästhetischen Vorstellungen, nicht zuletzt das Böse und das Häßliche. Adorno hat am Ende seines Werks, der *Ästhetischen Theorie* (1970), die weitestgehende Konsequenz aus dem lebenslangen Versuch, dem Nichtidentischen gerecht zu werden, gezogen, indem er so weit ging und das ästhetisch Schöne als eine Epiphanie des plötzlichen Schreckens wahrnahm und dabei sogar die Hegelsche Verbannung des Naturschönen aus der Ästhetik glaubte wieder rückgängig machen zu müssen: Das Schöne ist ihm nicht der Schein des Guten oder der Vernunft. Es wird erst zum »Wahren«, indem es aufhört, schön zu sein. Es ist das »Andere«, es fällt aus der Hierarchie des absolut Ersten heraus.

Es ist für die Distanzierung der Ganzheitsphilosophie des

Kierkegaard-Kenners Adorno entscheidend gewesen, daß ihm Literatur so wichtig, wenn nicht wichtiger wurde als die Philosophie. Plato, der Erfinder des absoluten Ersten, hatte den Dichtern bekanntlich vorgeworfen, sie würden lügen, da sie nur Kopien, ja Verunstaltungen des absolut Ersten herstellten. Hegel hat – wie schon erwähnt – ähnliches an die Adresse der romantischen Literatur, namentlich Heinrich von Kleist und E. T. A. Hoffmann, gerichtet. Es war Montaigne, der Liebhaber der Dichter, der als erster Philosoph, wenn auch von Hegel als Philosoph der ersten Ordnung nicht anerkannt, wiederum den Philosophen vorwarf, daß sie es seien, die gewissermaßen lügen, weil sie das Negative aller Negativitäten, den Tod, beschönigten. Es ließe sich zeigen, wie der individuelle Tod als die buchstäbliche Verneinung des individuellen Seins selbst von materialistischen Philosophen, wie Epikur oder Ludwig Feuerbach, die die Transzendenz, die Unsterblichkeit der Seele, im Verweis auf die materielle Grundlage des Menschen leugneten, zu einer Nichtkategorie umgebogen wurde, sei es im erkenntnispsychologischen oder im geschichtsphilosophischen Sinne: Der Tod als radikales Nichtmehrsein des eben noch Gewesenen und somit ja wohl doch eigentlich von philosophischer Dignität wird wie das Böse oder das Häßliche im philosophischen Diskurs nicht gedacht. Er ist das Heterogene schlechthin: die Verneinung von Sein. Nicht daß philosophische Spekulation den Tod nicht einbezöge: Dies ist gerade ja unter dem Einfluß der deutschen Transzendentalphilosophie geschehen. Novalis als Schüler Fichtes hat dies getan, und Heidegger als Kritiker und Ende des Idealismus hat es getan, aber beide im Sinne einer Umkehrung der Negation in die Positivität, sei es als spirituelle Steigerung der Identität, sei es als materielle Steigerung des Seins. Wenn man nun hinzudenkt, daß der Tod der Literatur und der Kunst als Sujet zentral sind, dann wird die Abwesenheit desselben in der Philosophie um so signifikanter: signifikant ebenso für die Philosophie wie für die Literatur und signifikant für die Konzeption des Todes selbst.

Es ist für den philosophischen Gedanken unakzeptierbar,

sich auf eine solche konkrete Negativität einzulassen, wie Hegels Aufhebung des Jetzt zum Nicht-mehr-jetzt und abermalige Aufhebung bewies. Analog zu der Aufhebung des Negativen zugunsten des Positiven steht Hegels Vorstellung vom Tod: Er sagt zwar, der Tod – er nennt ihn eine »Unwirklichkeit« – sei das »Furchtbarste«. Aber nur die »kraftlose Schönheit« könne ihn nicht aufhalten. Für »kraftlose Schönheit« könnte man im Sinne der Hegelschen Vorstellung davon wohl auch ästhetische Negativität einsetzen. Denn es heißt dann weiter: »Aber nicht das Leben, das sich vor dem Tode scheut und der Verwüstung rein bewahrt, sondern das ihn erträgt und in ihm sich erhält, ist das Leben des Geistes. Er gewinnt seine Wahrheit nur, indem er in der absoluten Zerrissenheit sich selbst findet. Diese Macht ist er nicht als das Positive, welches von dem Negativen wegsieht, wie wenn wir von etwas sagen, dies ist nichts oder falsch, und nun, damit fertig, davon weg zu irgend etwas anderem übergehen; sondern er ist diese Macht nur, indem er dem Negativen ins Angesicht schaut, bei ihm verweilt. Dieses Verweilen ist die Zauberkraft, die es in das Sein umkehrt.« Hegels Argumentation sei an dieser Stelle unterbrochen: Es ist schon früher deutlich geworden, warum Philosophie, vor allen die idealistische, den Begriff des Nichts nicht denken kann: weil das Nichts dem »Geist« a priori entfremdet ist.

Wie hält es nun Adorno mit dieser für ihn nicht unwichtigen Hegelschen Erbschaft? Daß er das konkret Besondere gegen das Allgemeine stark macht, das Naturschöne gegen das Kunstschöne, das heißt aber das »Andere« gegen das mit dem Geist Identische – dies wurde zu Beginn schon festgestellt. Wie aber sieht es mit der radikalen Negativität aus?

Es gibt bei Adorno an zentraler Stelle, am Ende der *Negativen Dialektik*, im dritten und fünften Stück der »Meditationen zur Metaphysik«, systematische Betrachtungen zum Todesproblem. Zur Einübung ist jedoch das kurze Prosastück »Über den Bergen« aus *Minima Moralia* zu verstehen, denn an ihm erkennt man deutlich, ob und inwiefern Adorno als Schriftsteller sich der Todesthematik existentiell nähert, während er ihr als Philosoph in der *Negativen Dialektik* ausweichen muß: »*Über den Bergen.* – Vollkommener als jedes Märchen drückt Schneewittchen die Wehmut aus. Ihr reines Bild ist die Königin, die durchs Fenster in den Schnee blickt und ihre Tochter sich wünscht nach der leblos lebendigen Schönheit der Flocken, der schwarzen Trauer des Fensterrahmens, dem Stich des Verblutens; und dann bei der Geburt stirbt. Davon aber nimmt auch das gute Ende nichts hinweg. Wie die Gewährung Tod heißt, bleibt die Rettung Schein. Denn die tiefere Wahrnehmung glaubt nicht, daß sie erweckt ward, die gleich einer Schlafenden im gläsernen Sarg liegt. Ist nicht der giftige Apfelgrütz, der von der Erschütterung der Reise ihr aus dem Hals fährt, viel eher als ein Mittel des Mordes der Rest des versäumten, verbannten Lebens, von dem sie nun wahrhaft genest, da keine trügenden Botinnen sie mehr locken? Und wie hinfällig klingt nicht das Glück: ›Da war ihm Schneewittchen gut und ging mit ihm.‹ Wie wird es nicht widerrufen von dem bösen Triumph über die Bosheit. So sagt uns eine Stimme, wenn wir auf Rettung hoffen, daß Hoffnung vergeblich sei, und doch ist es sie, die ohnmächtige, allein, die überhaupt uns erlaubt, einen Atemzug zu tun. Alle Kontemplation vermag nicht mehr, als die Zweideutigkeit der Wehmut in immer neuen Figuren und Ansätzen geduldig nachzuzeichnen. Die Wahrheit ist nicht zu scheiden von dem Wahn, daß aus den Figuren des Scheins einmal doch, scheinlos, die Rettung hervortrete.«

Adorno liest Grimms Märchen vom Schneewittchen als eine philosophische Parabel über die »Wehmut« beziehungsweise über die Zweideutigkeit der Wehmut. Das Wort ist nicht einfach die geläufige Umschreibung einer Stimmung, sondern hat einen spezifischeren Bedeutungshof, der von Kierkegaard erfunden wurde, dessen Werken Adorno bekanntlich seine erste Arbeit widmete. Die Kierkegaardsche Wehmut oder der Kummer, wie sie in *Entweder/Oder* sich dargestellt finden, ist wie der reflektierende Zustand des Ästhetikers angesichts der von ihm empfundenen Bedeutungslosigkeit des Lebens, blickt man auf seine wenigen Jahre. Er bezeichnet ein Abschiedsbewußtsein von Glück, das nicht mehr ist: dem Bewußtsein von der notwendig defizitären Struktur jedes Augenblicks als Abschied. In bezug auf eine schöne Kindheitserinnerung, deren »Qualität in der Gegenwart nicht mehr gilt«, heißt es: »Der Glanz, den das Leben damals hatte, wird unserem matten Auge allmählich zu stark, zu grell! ...« Die nihilistische Implikation dieses Wissens von der Entwertung des Glücks findet in Sätzen wie folgenden ihren Ausdruck: »Es gibt bekanntlich Insekten, die im Augenblick der Befruchtung sterben. So ist es mit Freude, des Lebens höchster und üppigster Genuß-Moment ist vom Tode begleitet.« Wenn Adorno von Wehmut spricht, dann spricht die Kierkegaardsche Komponente mit, das heißt die Radikalität eines Endbewußtseins. Nun entspricht Adornos Behandlung der Motive des Grimmschen Märchens der Kierkegaardschen Präfiguration um so mehr, als sie eine sehr ästhetische Adaption der Grimmschen Kennzeichnung von Schneewittchen – »so weiß wie Schnee, so rot wie Blut, so schwarz wie Ebenholz« – darstellt. Sie gibt nicht viel auf die naive Ratio des Volksmärchens, demzufolge die schneeweiße, blutrote, schwarze Prinzessin, die von der abgrundbösen Stiefmutter aus mörderischer Eifersucht auf ihre Schönheit vergiftet wird, am Ende doch wieder zum Leben erwacht und den Prinzen heiratet. Vielmehr konzentriert Adorno die Essenz des Märchens auf die negative Symbolik des Anfangs: Er spricht von »leblos lebendiger Schönheit«, »schwarzer Trauer des Fensterrahmens«, »dem Stich des Verblutens«. Die Eingangsszene von der mit Schneewittchen schwangeren guten Königin, die sich in den Finger sticht, so daß ihr Blut in den Schnee fällt, was Anlaß zum prophetischen Wunsch wird, läßt Adorno in jugendstil-symbolistischer Manier die ganze Erzählung schon in sich negativ aufheben: Das Sterben der Gebärenden bei der Geburt, das ist schon Zeichen der Negativität! Die Erzählung von der wiedererwachten Geretteten wird als Erzählung vom bloßen Schein der Rettung gedeutet. Das Happy-End der Erzählung kann an der schwarzen Symbolik nichts ändern. Die erlösende Befreiung vom vergifteten Apfel ist nicht

Ereignis der Befreiung, sondern das Ende eines Lebens, das nicht eigentlich gelebt wurde.

Es ist die Einsicht in die Umschlägigkeit von Sein in Nichtsein, das Durchschauen des illusionären Charakters des Glücks. Adornos analytische Summa der glücklichen Märchenwendung ist nichts anderes als das Aufdecken von der negativen Selbstaufhebung des Positiven: Gerade dann, wenn wir auf Rettung hoffen, wissen wir, daß diese Hoffnung vergeblich ist. Im 61. Stück der *Minima Moralia* hat Adorno die illusionäre Struktur der Hoffnungsbewegung in einer doppelten, positiven und negativen Beziehung zu Nietzsche erläutert, die unseren Befund über Nietzsches Rettungsversuch ins Glück in Rücksicht auf Adornos Negativität selbst noch einmal beleuchtet. Adorno zitiert beifällig den 50. Aphorismus des *Antichristen*, in dem Nietzsche, sich gegen Theologie und Metaphysik aussprechend, erkannt habe, daß in beiden Fakultäten Hoffnung mit Wahrheit verwechselt werde und daß der Gedanke, ohne einen Bezug zum Absoluten nicht leben zu können, diesen Gedanken nicht legitim mache. Gleichzeitig aber stellt Adorno heraus, daß der *amor fati*, den Nietzsche gelehrt habe, auf dieselbe Affirmation hinausliefe, die Nietzsche im Falle von theologischer und metaphysischer Beweisführung zugunsten des aus der Hoffnung abgeleiteten Wahrheitsbegriffs als unhaltbar herausgestellt hat: »Und es wäre die Frage zu stellen, ob irgend mehr Grund ist, das zu lieben, was einem widerfährt, das Daseiende zu bejahen, weil es ist, als für wahr zu halten, was man sich erhofft.« Adorno erhebt in diesem Stück der *Minima Moralia* gegen Nietzsche den gleichen Einwand, den er gegen Heidegger in der *Negativen Dialektik* erhebt: »Wahr ist so viel an Heideggers Ansatz, wie er sich dem beugt (gemeint ist der Prozeß von Entmythologisierung, der Verf.) in der Negation traditioneller Metaphysik; unwahr wird er, wo er, gar nicht soviel anders als Hegel, redet, als wäre damit unmittelbar das zu Rettende gegenwärtig. Die Seinsphilosophie scheitert, sobald sie im Sein einen Sinn reklamiert, den nach ihrem eigenen Zeugnis jenes Denken auflöste, dem noch Sein selber als begriffliche

Reflexion verhaftet ist, seitdem es gedacht wird.« Allerdings, das wird auch sofort deutlich, nimmt Adornos Einspruch gegen Nietzsches Polemik gegen die metaphysische Illusion dann selbst die Wendung zur utopischen Begründung von Hoffnung, die sich von Nietzsches mythischer Begründung unterscheiden will: »Am Ende ist Hoffnung, wie sie der Wirklichkeit sich entringt, indem sie diese negiert, die einzige Gestalt, in der Wahrheit erscheint. Ohne Hoffnung wäre die Idee der Wahrheit kaum nur zu denken, und es ist die kardinale Unwahrheit, das als schlecht erkannte Dasein für die Wahrheit auszugeben, nur weil es einmal erkannt ward.« So weit also kommt Adorno als Schriftsteller – die Deutung des Märchens, einschließlich der Allusion der Kierkegaardschen Wehmut, ist durchweg geprägt vom Stil der Metaphorik – zum Grundriß des radikal Negativen, wie es nur, so zeigte sich bisher, die Poesie denken kann. Da Adorno aber am Ende kein Dichter ist, sondern Theoretiker, muß er das Negative nicht nur umwenden im Sinne des theologischen Arguments: »Credo quia absurdum est«: Nur die Hoffnung erlaubt uns, in solch tödlicher Reflexion befangen, weiterzuleben. Vielmehr besagt der Gedanke theoretisch weiterhin, daß die Negativität aus der Perspektive der Praxis des guten Lebens als Chimäre, nämlich als eine einseitige Vorstellung, erkannt wird, wohingegen die philosophische Reflexion die Zweideutigkeit der negativen Stimmung, eben der Wehmut, erkennt: daß in ihr Wahrheit und Schein von Rettung gleichzeitig zur Erscheinung kommen würden. Es gehört allerdings eine Art prästabilierte Utopie dazu, sozusagen der letzte Schein der permanenten Theodizee des Idealismus, den letzten Satz von »Über den Bergen« als Argument zu akzeptieren: »Die Wahrheit ist nicht zu scheiden von dem Wahn, daß aus den Figuren des Scheins einmal doch, scheinlos, die Rettung hervortrete.« Hier sind wir auf dem schweren Gelände des Adornoschen Idioms mühsam wiederaufgeladener Dialektik, dem die vorgeführten Bewußtseinstatsachen eigentlich widersprechen. Insofern ließe sich die kleine Moralität dieses Stückes als unfreiwillige Selbstbezichtigung der Philosophie lesen: als unermüdliche Umfälschung von Sinnferne in Sinnhaftigkeit. Sinnferne, wie sie in der ästhetischen Negativität zum Ausdruck kommt, ist ja keine bloße Sinnlosigkeit, sondern eher Nichterklärbarkeit, Nichtübersetzbarkeit. Eben die von Adorno vorgeführte Bewandtnis macht der Schluß von *Über den Bergen* wieder zunichte: Die Zeit Schneewittchens war nicht eine vorab gestörte, sondern eine erfüllte.

Die Rettung ins Sinnvolle ist um so eklatanter für die Einsicht, daß, sobald Philosophie den Diskurs übernimmt, Negativität getilgt wird, als Adorno das Gegenbild der »erfüllten Zeit«, das ist die buchstäblich verlorene Zeit, durchaus als für das Bewußtsein grundlegende Stimmung erkannt und intensiv beschrieben hat. Das 105. Stück der *Minima Moralia* mit dem Titel »Nur ein Viertelstündchen« lautet: »*Nur ein Viertelstündchen.* – Schlaflose Nacht: dafür gibt es eine Formel, qualvolle Stunden, ohne Aussicht auf Ende und Dämmerung hingedehnt in der vergeblichen Anstrengung, die leere Dauer zu vergessen. Entsetzen aber bereiten schlaflose Nächte, in denen die Zeit sich zusammenzieht und fruchtlos durch die Hände rinnt. Einer löscht das Licht aus in der Hoffnung auf lange Stunden der Ruhe, die ihm helfen möchten. Aber während er nicht die Gedanken beschwichtigen kann, vergeudet sich ihm der heilsame Vorrat der Nacht, und bis er fähig wäre, unter den brennend geschlossenen Augen nichts mehr zu sehen, weiß er, daß es zu spät ist, daß ihn bald der Morgen aufschrekken wird. Ähnlich mag dem zum Tode Verurteilten die letzte Frist unaufhaltsam, ungenützt verstreichen. Was aber in solcher Konstriktion der Stunden sich offenbart, ist das Gegenbild der erfüllten Zeit. Wenn in dieser die Macht der Erfahrung den Bann der Dauer bricht und Vergangenes und Zukünftiges in die Gegenwart versammelt, so stiftet Dauer in der hastig schlaflosen Nacht unerträgliches Grauen. Das Menschenleben wird zum Augenblick, nicht indem es Dauer aufhebt, sondern indem es zum Nichts verfällt, zu seiner Vergeblichkeit erwacht im Angesicht der schlechten Unendlichkeit von Zeit selber. Im überlauten Ticken der Uhr vernimmt man den Hohn der Lichtjahre auf die Spanne des eigenen

Daseins. Die Stunden, die als Sekunden schon vorbei sind, ehe der innere Sinn sie aufgefaßt hat, und ihn fortreißen in ihrem Sturz, melden ihm, wie er samt allem Gedächtnis dem Vergessenen geweiht ist in der kosmischen Nacht. Dessen werden die Menschen heute zwangshaft gewahr. Im Stande der vollendeten Ohnmacht scheint dem Individuum, was ihm noch zu leben gelassen ward, als kurze Galgenfrist. Es erwartet nicht, sein Leben aus sich zu Ende zu leben. Die Aussicht auf gewaltsamen Tod und Marter, einem jeden präsent, setzt sich fort in der Angst, daß die Tage gezählt sind, die Länge des eigenen Lebens unter der Statistik steht; das Altwerden gleichsam zum unlauteren Vorteil ward, der dem Durchschnitt abgelistet werden muß. Vielleicht ist die von der Gesellschaft widerruflich zur Verfügung gestellte Lebensquote bereits aufgebraucht. Solche Angst registriert der Körper in der Flucht der Stunden. Die Zeit fliegt.«

Hier haben wir es mit dem Urmeter der ästhetischen Negativität zu tun, dem negativen Zeitbewußtsein als Gegenbild der »erfüllten Zeit«. Es handelt sich um die Darstellung des Bewußtseins in einer leeren Dauer. Adorno war der Zyklus der Spleen-Gedichte der *Fleurs du mal* Baudelaires bekannt, nach denen seine Nachtschilderung entworfen sein könnte, aber ganz in ihrem eigenen Recht. Gegenbild der erfüllten Zeit heißt dann en détail: die einzelnen Teile des Zeitkontinuums als auf Bedeutung unbeziehbare, nur temporär verstreichende Augenblicke zu verstehen. Ihr bedeutungsloses Verstreichen – das ist für die Struktur des Bewußtseins von Negativität entscheidend – wird als permanenter Verlust unseres Selbst, unserer Erfahrung von Gegenwart empfunden. Adornos Bilder für diese Urszene des Negativen sind auch psychologisch einprägsame Szenen – die Erinnerung an die letzten Zeiträume eines zum Tode Verurteilten vor dem Morgen der Hinrichtung. Aber sie könnten den Blick auf das eigentliche Argument des Negativismus auch verstellen: als ob es sich hier um die Erfahrung von Todesangst handele, die in sich selbst ja an solcher Negativität nicht notwendigerweise teilhat. Vielmehr gilt die Evokation der letzten Stunden des

Verurteilten der Einsicht in solche Stündlichkeit von jedermann: der Augenblick als das Nichts. Der hier zentrale Satz: »Die Stunden, die als Sekunden schon vorbei sind, ehe der innere Sinn sie aufgefaßt hat, und ihn fortreißen in ihrem Sturz ...«

Die fliegende Zeit wird allerdings vor einem ontologischen Verständnis ihrer Nichtigkeit in Gewahr genommen: Solche Erfahrungen macht der Mensch von »heute«, das heißt das in der Massengesellschaft entfremdete Individuum. Ist das eine Entschärfung der existentiellen Bedingung? Wenn man die repräsentativen Beispiele der ästhetischen Negativität von Leopardi über Baudelaire bis hin zu Cioran und Sarraute auf ihr Zeitbewußtsein hin durchgeht, dann wird man dort, vielleicht abgesehen von Cioran, keine anthropologisch gemünzten Aussagen finden. Der Verlust der Zeit kommt aus dem Bewußtsein des reflektierenden Künstlers. Er ist nicht der Mensch! Insofern haftet Adornos Einführung des objektiven Zeitalters und des anonymen Zeitgenossen eine ideologie- und kulturkritische Färbung an, die sein Denken ohnehin prägte. Das will sagen: Eigentlich könnte der Negativismus unter anderen Bedingungen überwunden werden, ein Gedanke, der von den genannten Dichtern nicht gedacht ist. Man kann sie natürlich unter ideologiekritischem und historistischem Erklärungszwang entnihilisieren. Das ist immer wieder geschehen, ob man nun Leopardis, Büchners oder Jean Pauls »Nihilismus« – ganz zu schweigen von der schwarzen Anthropologie der pessimistischen Aufklärung – auf die politische und soziale Situation, in der diese Autoren sich befanden, historistisch zurückführt oder ob man methodisch fortgeschritten psychoanalytisch-politisch darangeht, den unbürgerlichen Schriftsteller als *poète maudit* in der zweiten Hälfte des 19. Jahrhunderts zu erklären, wobei Flaubert und Baudelaire sich immer als Kandidaten angeboten haben. Der Erfinder der materialistisch-historischen Erklärung der Negativität ist Georg Lukács gewesen. Die Literatur der modernen Verzweiflung wird vor allem im Anschluß an Lukács ausschließlich über ideologiekritische Diagnostik als Zustand einer Entfremdung gelesen.

Entscheidend ist immer das Argument eines kollektiven Prozesses. Damit kommt aber die negative Zeitlichkeit und ihre Semantik überhaupt nicht in den Blick. Praktisch verhält sich die zukünftige und als solche blauäugige Literaturhistorie ebenso: Da sie ihren Gegenstand, die Literatur, anschlußfähig halten muß für kulturelle Normen, vor allem für die begrifflichen Vorgaben im Wissenschaftsbetrieb, bis hin zum Stoff für zünftige Deutsch-, Französisch- und Englischlehrer oder für Literaturkritiker und Kulturfunktionäre, ist sie immer gezwungen, das Nichtanschlußfähige zu entschärfen: Im allgemeinen tut sie dies, indem sie das negative Phänomen, sofern sie es wahrnimmt, historisch erklärt. Der aktuelle Trend im literaturwissenschaftlichen Betrieb hat dafür den Begriff »Kulturwissenschaft« eingeführt.

Davon kann bei Adorno, dem künstlerisch ganz anders Organisierten als es der späte Lukács war und die ihm folgende Literaturhistorie es ist, keine Rede sein. Gerade eingedenk des verborgenen Utopismus seiner *Negativen Dialektik* mußte der gerade vorgeführte Abgrund von Zeitlichkeitsbewußtsein in seiner ganzen Schwärze von ihm herausgearbeitet werden. Wie anders dagegen die Beschreibung nächtlicher Zeitlichkeit bei Walter Benjamin – in der Beschreibung einer Mondnacht in *Berliner Kindheit um Neunzehnhundert.* Hier geht es nicht um Verlust der Gegenwart, sondern um Erinnerung der Vergangenheit, die das Jetzt besetzt hält. Zwar kann dieser Doppelgänger des Einstigen, wie Benjamin sie nennt, furchteinflößend sein – und tatsächlich ist er im Jugendstil (Hofmannsthal) auch als ein Vernichtungsereignis behandelt worden –, aber diese Furcht, daß nächtlich unter dem Schimmer des Mondscheins das am Tage Gesehene auf verzerrte Weise wiedererscheine, ja daß die Welt, die alltägliche, plötzlich, im Augenblick des nächtlichen Blicks aus dem Schlafzimmer nicht mehr vorhanden ist, löst sich auf in das Staunen des Knaben über sich verwandelnde Identitäten. Benjamin, der ja Baudelaires schwarzen Spleen der verlorenen Zeit in eine *mémoire involontaire* gerettet hat, war dem vernichtenden Blick auf eine sich auflösende Gegenwart ganz abgewandt. Adorno, das haben die beiden Stücke aus *Minima Moralia* gezeigt, war ihm zugewandt.

Zugewandt als einem Konkreten, in einem quasi literarisch-essayistischen Kontext. Es stellt sich nun aber die Frage, inwiefern er den Begriff des Negativen selbst auch gedacht hat, wie unsystematisch die Absicht auch sein mochte, wobei sich in Konsequenz des bisher Erörterten vor allem die Behandlung des Todestopos am Ende der *Negativen Dialektik* anbietet. Der Anfang des Werks verspricht ja, nicht noch einmal der Affirmation an das Positive anheimzufallen, wie das der Begriff »Dialektik« seit Plato tue: Durch Negation der Negation werde es von Hegel zum beherrschenden Denkmittel erhoben. »Negative Dialektik« ist bei Adorno also Kritik des Idealismus, vor allem der deutschen Identitätsphilosophie und ihrer Folgen in der Heideggerschen Ontologie, Kritik des *proton pseudos* des Idealismus. Der obsessiven Zweiteilung des Seins in eines erster und eines zweiter Ordnung, die Unterscheidung von Sein und Seiendem. Auf jenem Dualismus, gegen den Adorno polemisiert, beruht auch die philosophische Leugnung des Negativen und seiner verschiedenen Emanationen, sei es das Böse oder der Tod als das Nichts.

Wenn Adorno also negative Dialektik als ein Denken nach der Metaphysik versteht, dann darf man erwarten, daß keine metaphysische Belastung den dabei entwickelten Todesdiskurs bestimmt, sondern die eben vorgeführten Impulse innerhalb von *Minima Moralia* in Richtung der poetischen Negativität irgendwie strukturbildend agieren. Nun steht zu Beginn von Adornos Todesdiskurs der Name Auschwitz sozusagen als regulative Idee: Es ist nicht der Tod, sondern erst der Tod als maschineller Verwaltungsakt, was seitdem den Tod so fürchterlich macht, nämlich als ein letztes Datum des Individuums, das seiner Geschichte gänzlich entfremdet ist. Dieser Gedanke bedeutet aber, daß der Tod gemeinhin, also der Tod ohne Erfahrung in Auschwitz, eigentlich irgendwie das Selbst zu sich selbst bringt, also keineswegs, wie im Gedanken der ästhetischen Negativität, diesem ein endgültiges Ende bereitet: »Absolute Negativität« – so muß man am Anfang unserer

Frage nach dem theoretischen Status des Endes der individuellen Zeit im Adornoschen Denken von Negativität sagen –, absolute Negativität ist erst im Horizont des Todes von Auschwitz denkbar geworden. So jedenfalls erscheint es zunächst als Apriori von Adornos Todesdiskurs zum Abschluß der *Negativen Dialektik*: ein Apriori freilich, das gegen die Metaphysik gerichtet ist, die sich plötzlich mit dem konfrontiert sieht, was sie gerade zu vermeiden bestrebt war: dem »materiellen Dasein«. Das aber ist ein Element, das durchaus auch der ästhetischen Negativität zu eigen ist, und daß ebendieses Element des »materiellen Daseins«, der Tod als physische Auflösung, die Kategorie »Auschwitz« nicht nötig hat, um das Nichts zu implizieren, ist von Adorno durchaus gedacht worden, wenn er im gleichen Kontext sagt: »Kindheit ahnt etwas davon in der Faszination, die von der Zone des Abdeckers, dem Aas, dem widerlich süßen Geruch der Verwesung, den anrüchigen Ausdrücken für jene Zone ausgeht.«

Adorno erkennt hier, daß von solcher Wahrnehmung her »die Integrierung des physischen Todes in die Kultur« zu widerrufen wäre. Also ebendas, was die Philosophie, sei es Platos Seelenbegriff oder sei es trotz materialistischer Negationen der Seele Feuerbach, getan hat. Aber diese Absage Adornos an die theoretische Überhebung, das ist zu wiederholen, bleibt ebenso unmittelbar verknüpft mit dem Argument, daß das »absolute Böse« plötzlich in die Welt gekommen sei, daß der Riß im moralischen System, den der absolute Geist Hegels verleugnete, sich im 20. Jahrhundert unabweisbar gezeigt habe. Mit anderen Worten: Sosehr Adornos Methode, den Finger auf die Wunde der Prima Philosophia zu legen, der ästhetischen Negativität entgegenkommt, so sehr wird das prinzipiell andere Motiv dabei erkennbar: der Sündenfall. Die ästhetische Negativität interessiert sich aber nicht für den Gedanken des Sündenfalls. Denn sie hat nie an das Paradies geglaubt. Es interessiert sie überhaupt nicht die Kasuistik der Verursachung des Nichts. Sie sieht das Nichts vielmehr – als Beobachter und Räsoneur unserer Conditio – als struktuelle Bedingung unseres unglücklichen, nicht schuldhaften Bewußtseins. Adornos Motiv ist das Gegenmotiv zu dem allen: Es handelt sich um einen moralischen Skandal, der zum Skandal der Metaphysik wurde, insofern sie sich glaubte aus dem Heterogenen heraushalten zu können. Daß dieser moralische Skandal bei Adorno zum Absoluten, quasi Naturwüchsigen sich verwandelt, diese in ihm verborgene Kapazität ist der Grund für die so nachdrücklichen Proteste der idealistischen Erben der Frankfurter Schule gegen ihren Erfinder, macht ihn aber nicht zum Denker der Negativität.

Es war notwendig, sich der Adornoschen ideologiekritischen, nicht phänomenologischen Identifikation des Todes als eines nicht mehr unserer Individualität integrierbaren Ereignisses zu vergewissern, bevor man den weiteren Schritt macht und die theoretische Affinität zum Nichts der ästhetischen Negativität, die trotzdem besteht, festhält. Unter dem Kapitel »Sterben heute« *(Negative Dialektik)* heißt es: »Daß die Todesmetaphysiken entweder in Reklame für den heroischen Tod ausarteten oder in die Trivialität purer Wiederholung des Unverkennbaren, man müsse eben sterben, ihr gesamtes ideologisches Unwesen, gründet wohl in der bis heute fortdauernden Schwäche menschlichen Bewußtseins, der Erfahrung des Todes standzuhalten, vielleicht überhaupt sie in sich hineinzunehmen. Kein Menschenleben, das offen und frei zu den Objekten sich verhält, reicht aus, zu vollbringen, was im Geist eines jeden Menschen als Potential vorhanden ist; es und der Tod klaffen auseinander. Die sinngebenden Reflexionen über den Tod sind so hilflos wie die tautologischen. Je mehr das Bewußtsein der Tierheit sich entwindet und sich zum Festen und in seinen Formen Dauernden wird, desto mehr verstockt es sich gegen alles, was ihm die eigene Ewigkeit suspekt macht. Mit der geschichtlichen Inthronisation des Subjekts als Geist war die Täuschung gekoppelt, es sei sich unverlierbar.«

Der Kern dieser Aussagen über die Aufhebung des Todes im Common sense könnte den repräsentativen Texten der ästhetischen Negativität bei Leopardi im 19. und Cioran im 20. Jahrhundert integriert werden. Aber solche Einsicht wird insofern wieder aufgehoben, als ihr im Verlauf der Darstellung abermals ein historisches Erklärungsmuster beigegeben ist: Der Tod werde um so mehr verbannt, als die einstigen magischen Praktiken, ihn zu bannen, im Prozeß der Zivilisation sich verloren hätten. Immer in dem Augenblick, in dem die nämliche Vorstellung sich eigentlich unausweichbar in seinen Gedankenweg stellt, entkommt er ihr durch die historisch-soziologische Finte. Indem er zwar genau Heideggers Rettungsmanöver, den Tod als Ganzheit des Lebens zu integrieren, ablehnt, entzieht er sich dessen Heterogenität gegenüber dem Subjekt gleichzeitig, indem er die Furcht davor nicht selbst thematisiert, sondern nur als Furcht des entfremdeten Subjekts. Das geht so weit, daß er die Todesangst und die Entfremdung in ein Bedingungsverhältnis stellt. Mit anderen Worten heißt das: Wäre der Mensch nicht dem Prozeß der Entfremdung bis zur Verdinglichung – und das eben ist, so Adornos Argument, der Tod im Leben – ausgesetzt, würde er den Tod weniger fürchten.

Es ist also unübersehbar geworden, daß Adorno am Ideal des sogenannten »je eigenen Todes« festgehalten hat, das durch die totale Entfremdung, deren symbolischer Name Auschwitz heißt, historisch zerstört worden ist. Zum Abschluß des Paragraphen »Sterben heute« kann er deshalb sagen: »Gleichwohl ist der Gedanke: der Tod sei das schlechthin Letzte, unausdenkbar. Versuche der Sprache, den Tod auszudrücken, sind vergebens bis in die Logik hinein; wer wäre das Subjekt, von dem da prädiziert wird, es sei jetzt, hier, tot. Nicht nur die Lust, die, nach Nietzsches erleuchtetem Wort, Ewigkeit will, sträubt sich gegen Vergängnis. Wäre der Tod jenes Absolute, das die Philosophie positiv vergebens beschwor, so ist alles überhaupt nichts, auch jeder Gedanke ins Leere gedacht, keiner läßt mit Wahrheit irgend sich denken. Denn es ist ein Moment von Wahrheit, daß sie samt ihrem Zeitkern dauert. Ohne alle Dauer wäre keine, noch deren letzte Spur verschlänge der absolute Tod. Seine Idee spottet des Denkens kaum weniger als die von Unsterblichkeit. Aber das Unausdenkbare des Todes feit den Gedanken nicht gegen die Unverläßlichkeit jeglicher metaphysischer Erfahrung.«

Den Gedanken, der Tod sei das Unausdenkbare, hat die ästhetische Negativität anders gefaßt. Sie hat die Abgründigkeit bis in ihren letzten Grund versucht in der Sprache zu verdeutlichen. Angesichts dieser Sprache ist Adornos These, es gäbe das Subjekt nicht, das sagen könne, es sei tot, soviel wert wie Epikurs These, daß uns der Tod nichts anginge, da wir bei seinem Eintritt nicht mehr existierten. Sodann aber hat die ästhetische Negativität das Unausdenkbare als empfindende zu Ende gedacht. Nicht als Theorem, da würde wahrscheinlich Adornos Sprachfalle zuschnappen, sondern eben in literarischer Reflexion: nicht etwa bloß als Ausdrucksgebärde des Bewußtseinsschmerzes, sondern als Argument: Das Zuendedenken heißt, eine Sprachform gefunden zu haben, die den todesfrommen Idealismus der Philosophie bloßstellt. Mehr noch: Die Zeitbewegung im Strudel des Vorbeiseins, des Zuendeseins beobachtet zu haben, das ist die eigentliche phänomenologische Leistung.

Adornos Negativitätsbegriff ist zu funktional dialektisch, nämlich Funktion seines Wahrheitsbegriffs, als daß die angedeuteten Ansätze ästhetischer Negativität weiterentwickelt werden könnten. Aber: Dieser Funktionalismus wirkt wie ein Schutzengel gegen die immer wieder aufbrechende schwarze, aber bessere Einsicht in die Gegebenheit des Todes. Denn eben dort, wo Adorno den Begriff Nihilismus im Schlußkapitel thematisiert, macht er am Beispiel von Prousts Glücksverlangen die implizite negative Gegenwende deutlich, das heißt er erkennt, wie dem emphatischen Augenblick seine Negation strukturell beigegeben ist. Mit anderen Worten: wie das letzte Wort doch noch ein Element aus der ästhetischen Negativität bekommen kann: »So nah Proust dem Erfahrungskreis Bergsons war, der die Vorstellung von der Sinnhaftigkeit des Lebens in dessen Konkretion zur Theorie erhob, so sehr war Proust, Erbe des französischen Desillusionismus, zugleich Kritiker des Bergsonianismus. Die Rede von der Fülle des Lebens, einem Lucus non lucendo noch wo es leuchtet, wird eitel durch ihr unmäßiges Mißverhältnis zum Tod. Ist dieser unwiderruflich, so ist noch die Behauptung eines im Glanz fragmentarischer, wenngleich genuiner Erfahrung aufgehenden Sinnes ideologisch.«

»Fülle des Lebens« – das Argument nicht nur Bergsons, sondern auch Nietzsches – wird von Proust konterkariert mit dem Bewußtsein des Todesverhältnisses. Und Adorno schärft dieses Verhältnis noch an, und zwar offensichtlich so, daß davon sogar der Proustsche Augenblick betroffen werden könnte: Selbst der Glanz nur momentaner Glückserfahrung wäre angesichts der nicht abwendbaren Aussicht auf Tod nur eine Illusion. Es gibt nur einen Weg, sich davor zu schützen: die Rückkehr zur orthodoxen Glaubenserwartung der Auferstehung. Adorno gibt der Theologie gegenüber der Diesseitsgläubigkeit der verschiedenen vitalistischen Angebote den Vorzug. Und zwar deshalb, weil die Theologie die radikale Herausforderung der Todeserwartung wirklich theoretisch erkennt und darauf nur in extremis antworten kann: Insofern ist der Himmel nichts anderes als die Inversion des Nichts. Das ist überzeugender als die Ausrede reiner Immanenz. Hier wäre auch an Kants Erörterung des Endes von allem zu erinnern und auch an Heinrich Heines scharfsinnigen Bezug auf Kant: Es gibt gegen die Schwärze des radikalen Endes nur den Gedanken an Transzendenz. Heinrich Heine hat in bezug auf die Restitutio des Gottesbegriffs in Kants *Kritik der praktischen Vernunft* die Annahme der Existenz Gottes als Bedingung unserer Existenz ohne wahnsinnig zu werden dargestellt: Daß jemand die Existenz Gottes bestreite, errege bei ihm Angst, denn Zweifel an Gott sei Anerkennung des Todes im Leben. Hier erhebt sich auch der Schatten der ästhetischen Negativität: Wenn die Zeitlichkeit nicht transzendent abgesichert ist, dann verfällt ihre Vergänglichkeit sofort dem Nichts. Das erfolgt notwendigerweise aus Heines erkenntnistheoretischer Sinnlichkeit, die – ganz im Unterschied zu seinem kurzzeitlichen Anreger Hegel – ganz und gar auf das Indiz sinnlich unmittelbarer Wahrnehmung angewiesen bleibt: denn das ist das Leben.

Adorno hatte mit seiner Referenz auf Proust und Beckett zum Abschluß der *Negativen Dialektik* ganz beiläufig einen weiteren Beleg dafür angeführt, daß Schriftsteller jenes Nihil, das Philosophen nicht denken, darstellen. Er hat den Umstand, daß die Universitätsphilosophie mit dem Nihil und dem ihm abgeleiteten philosophischen Nihilismus nichts anzufangen weiß, angemessen herausgestellt. Gleichzeitig aber ist bei ihm das Nihil so sehr in seinem weltanschaulich-umgangssprachlichen, nämlich behavioristischen Modus aufgesucht, so daß diesem Nihil jede reflexive Signifikanz abgeht. Anders gesagt: Der Soziologe Adorno verliert über dem banal-vulgären Nihilismus der Konvention der Angestellten den Nihilismus, der ihn als Philosophen und Ästhetiker interessiert, so sehr er auch auf Literatur schaut. Das liegt möglicherweise daran, daß die Beckettsche »Bilderwelt des Nichts«, die er am Ende der *Negativen Dialektik* beschwört, von ihm begrifflich identifiziert und damit ihres radikalen Negativismus enthoben wird. Indem Adorno bei seinem berühmten Versuch, Becketts *Endspiel* zu verstehen, auf eine metaphysische Aussage verfiel, unterschlug er die ästhetische Negativität: Er behauptet nämlich, der Nihilismus Becketts sei die Verneinung der radikal böse vorhandenen Welt, was die Möglichkeit in Aussicht auf eine andere einschließt. Man muß vermuten, daß Adorno hier seinen Katechismus fand. Um so mehr, als er sich auf Kants von der praktischen Vernunft her konstruierte Idee der Unsterblichkeit beruft: Auch Kant habe gegen »das Unrecht des Todes« ohne Vernunftgründe die Hoffnung angeführt. Man erkennt jetzt, woher die theoretische Begründung der optimistischen Volte bei der Neuerzählung des Märchens Schneewittchen stammt: Die »Unausdenkbarkeit der Verzweiflung« sei das Geheimnis von Kants Philosophie, und eben daran ließe sich anknüpfen, das heißt an die Methode, den Nihilismus zu vermeiden und gleichzeitig der Ewigkeit nicht auf orthodoxe Weise zu affirmieren. Wenn man die metaphysische Idee der Unsterblichkeit nicht affirmiert, dann allein aus erkenntnistheoretischem Skrupel, dabei noch immer in Vorstellungen von Raum und Zeit befangen zu sein. Nicht also wegen der prinzipiellen Abwehr des Unsterblichkeitsgedankens, der ja den Zeitgeist Kants – man denke an

Lessing, Herder, Moses Mendelssohn – beherrscht hat, nachdem dieses Thema seit der Wiederentdeckung des Platonischen *Phaidros* und Vincinos Schrift *Von der Unsterblichkeit der Seele* so virulent war. Für die klassische Philosophie ist also die Verzweiflung über ein absolutes Ende das »Unausdenkbare«. Negativität geht nicht so weit, daß sie Nihilismus würde. Unausdenkbar kann zweierlei heißen: einmal in logischer Hinsicht, daß der Philosoph – für immer an den ontologischen Gottesbeweis gebunden (nämlich vom Bewußtsein auf das Sein Gottes zu schließen) – denkerisch nichts dagegensetzen kann. Zum anderen in psychologisch-reflexiver Hinsicht: daß er sich nie selbst als nicht mehr Seiendes denken kann. Dagegen hat der Dichter offenbar eine andere Möglichkeit: das Unausdenkbare, wenn nicht begrifflich zu fassen, so doch als Vorstellung darzustellen. Adorno hat das wohl gesehen, aber seine Anteilnahme an der Tradition des deutschen Idealismus (Wahrheitsästhetik, dialektische Aufhebung der Negation) verhinderte eine negative Anthropologie in poetischer Hinsicht.

VI. Die Zukunft der Geisteswissenschaften

Als Friedrich Nietzsche 1872 unter dem Titel *Über die Zukunft unserer Bildungsanstalten* in fünf Vorträgen mit dem Zustand des damals noch berühmten deutschen Gymnasiums (und das implizierte die deutschen Geisteswissenschaften als Ganzes) abrechnete, da traf er bei vielen negativen Einzelbeobachtungen eine prinzipielle Unterscheidung, die unmittelbar von seiner spezifischen in unsere generelle Thematik führt. Er unterschied nämlich zwischen historischer Gelehrsamkeit die Altertümer betreffend einerseits und literarisch-stilistischer Anverwandlung des griechisch-römischen »Geistes« andererseits. Ersteres bestimme Gymnasium und Universität so ausschließlich, daß für das zweite weder Zeit noch Interesse übrigbleibe. Dieses zweite aber, das literarische Medium, nicht das historische Wissen, mache eigentlich die Quintessenz der Altertumswissenschaft, ja der Geisteswissenschaften aus. Wenn nicht eine Gegenbewegung – nennen wir sie im Sinne Nietzsches eine ästhetische – einsetze, dann habe das, was antike Bildung bedeutet, keine Zukunft mehr.

Pointiert gesagt: Diese ästhetische Bewegung hat damals wie heute nicht stattgefunden. Sie konnte gar nicht stattfinden, weil der Begriff der europäischen Wissenschaft – damit meine ich vornehmlich die deutsche, französische und englische Universität des 19. und frühen 20. Jahrhunderts – sich in ihrer Gegenstandsbestimmung rein historisch, nicht ästhetisch-literarisch verstand und bis heute versteht. Die französischen, deutschen und englischen Literaturgeschichten des 19. und 20. Jahrhunderts entwickelten jeweils den nationalen Kanon für die diskursiven Standards, sei es als französische Zivilisationsidee, als deutsche Kulturphilosophie oder als englisches Erziehungsprinzip. Von Georg Gottfried Gervinus und Kardinal Newman über Wilhelm Dilthey bis hin zu Hans Georg Gadamer und Raymond Picard gab es bei aller intellektuellen und nationalen Differenz die eine entscheidende

Gemeinsamkeit: Diltheyscher Erlebnisbegriff, Gadamersche Horizontverschmelzung oder Picardscher Objektivismus, in allen Fällen obsiegte das historische Bewußtsein, ging es um Literatur als historisches Phänomen.

Die Pointe hieraus aber ist: *Humanities and Arts*, also das angelsächsische Pendant der kontinentaleuropäischen Geisteswissenschaften, hatten es nie eigentlich mit Kunst, sondern mit Geschichte, Nationalerziehung und Politik zu tun. Daran konnte der amerikanische New Criticism, der russische Formalismus, konnten Adornos ästhetische Theorie und die verschiedenen Formen der sogenannten Dekonstruktion seit den siebziger Jahren nichts Wesentliches ändern, obwohl von ihnen so glänzende Anregung ausgegangen ist. Um es an Nietzsches eigenem Fach zu aktualisieren: Bis heute steht die Erforschung der griechischen Tragödie im Zeichen religionsphilosophischer, mythologischer und politischer Analyse. Sieht man von dem einsamen Gegenbeispiel der Jacqueline de Romilly einmal ab, so existiert keine ästhetisch-literarische Methode zur Definition des tragischen Schreckens über das hinaus, was Aristoteles gesagt und Hegel fortgesetzt haben.

Und abermals scheint mit dem an europäischen und amerikanischen Universitäten neuerdings florierenden Begriff der »Kulturwissenschaft« sichergestellt, daß die historische gegenästhetische Tradition sich fortsetzt: Von Kunst ist nicht eigentlich die Rede, wenn man von *Humanities and Arts* spricht. Wie aber ist die Tradition des rein historischen Diskurses in den Geisteswissenschaften zugunsten eines ästhetischen zu brechen? Um diese Frage – es ist noch immer die Frage Nietzsches – beantworten zu können, muß sichergestellt sein, wie sich die literarisch-künstlerische Sphäre als solche, also jenseits ihrer bloß historischen und stofflich-thematischen Bestimmung, noch immer darstellt. Dabei sei dies aus einsichtigen Gründen zeitlich und thematisch beschränkt auf die Periode zwischen europäisch-amerikanischer Romantik und klassischer Moderne, also die Zeitphase zwischen 1800 und etwa 1950. Die hier zu behandelnden Elemente sind zwar formal und inhaltlich ergänzbar, die spezifische Struktur von

Phantasie und Bewußtsein dagegen nur dann, wenn man die einmal erreichten intellektuellen Standards dabei nicht unterbietet.

I

Für dieses Bewußtsein wähle ich die Bezeichnung »Poetischer Nihilismus«, weil in ihr die Opposition zu den Geisteswissenschaften eindeutig hervortritt. Vielleicht wären »Poetische Negativität« oder »Poesie des Nichts« angemessener, da der Begriff »Nihilismus« weltanschaulich stark besetzt ist. Aber auch »Negativität« oder »Nichts« sind philosophisch vorgeprägt, mit dem zusätzlichen Problem, daß poetische Negativität im absoluten Gegensatz zum philosophischen Diskurs steht, auch dem philosophischen Diskurs der Negativität. Damit ist schon die Hauptthese unserer Überlegungen vorweggenommen: *Humanities and Arts* haben absehbar unter dem Druck von Gesellschaft und staatlichen Institutionen als ästhetische Wissenschaft keine Zukunft. Das Negative, um das es hier geht, ist eine spezifische poetische Reflexion von Zeiterfahrung. In ihr ist ein permanenter Verlust an Präsenz, an Wahrnehmung des Augenblicks als eines schon immer sich Auflösenden dargestellt. Das muß im Detail geklärt werden. Zunächst die ästhetisch-theoretische Voraussetzung des poetischen Nihilismus oder der poetischen Negativität.

Poetische Zeit, nicht nur die poetische Zeit der Moderne, sondern auch der antiken Literatur, ist mit philosophischer oder pragmatischer Zeit inkompatibel. Das läßt sich erstmalig aus der Kunstformel ableiten, die Nietzsche für die Moderne am Beispiel der griechischen Tragödie erfand. Seine berühmte Bestimmung des Dionysischen Prinzips nämlich enthält drei für unser Thema relevante Elemente: Plötzlichkeit, Erschrecken (»Grausen«), Auflösung des Principium individuationis. Diese Definition des Dionysischen Prinzips, dessen Anfänge schon durch Edmund Burkes Bestimmung des Erhabenen, ja durch die rhetorischen Merkmale der

Rede, die Pseudolonginos dekretierte, gesetzt waren, hat die Aristotelische und Hegelische Erklärung der Tragödie (und Kunst generell) aufgehoben. Nietzsche hat ein ästhetisch-anthropologisches Modell angeboten, das gerade in bezug auf die Zeitlichkeitsauffassung eine enorme Karriere in Literatur und Kunst der Moderne gemacht hat: Statt Kontinuität rückte Diskontinuität ins Zentrum oder, genauer auf unsere spezifische Zeitproblematik bezogen, die Emphatik des Moments. Die bleibende Relevanz von Nietzsches Dionysischer Formel für das Zeitbewußtsein der literarischen Moderne beruht nicht zuletzt darauf, daß die Tragödie in Nietzsches Sicht nicht auf epischer Spannung beruht: »Zum Pathos, nicht zur Handlung bereite alles vor.« Während die deutsche und englische Literatur hierfür herausragende Beispiele bietet – Heinrich von Kleist oder Virginia Woolf (»Moments of Being«) oder James Joyce (»Epiphanien«) –, hat die französische Literaturtheorie seit Bataille diesen Momentanismus in seiner existentiellen und utopischen Variante auf den Begriff gebracht.

Erstens Bataille. Er hat für die moderne Literatur die schiere Präsenzerfahrung von literarischer Phantasie dadurch definiert, daß sie der Zukunftsperspektive prinzipiell negativ gegenüberstehe und daß sie, insofern immer asozial, das Böse repräsentiere. Ob das Böse, seit der *Summa* des Thomas von Aquin uns eigentlich nur als theologischer Begriff geläufig und als solcher nur als Negation des Guten definiert, also ohne eigentliche Substanz, eine ästhetische Kategorie abgeben kann, das läßt sich letztlich nicht über inhaltliche Charakteristika festmachen, wie sie etwa die Schwarze Romantik von Wilhelm Tieck, E. T. A. Hoffmann bis Edgar Allan Poe liefert. Vielmehr geht es um die Beantwortung einer einzigen Frage, die Bataille angegangen, aber nicht mit letzter theoretischer Konsequenz in *La littérature et le mal* formuliert hat: Ist das Kunstwerk selbst infolge seiner imaginären Distanzierung von sozialen und historischen Codes an der Herstellung einer bösen Sprachhandlung beteiligt? Also nicht die abgründigen, skandalösen Motive des europäischen und amerikanischen

Ästhetizismus, wie sie in Lord Byrons, Baudelaires oder Pynchons Literatur auftauchen, erläutern die Frage nach dem möglichen Bösen in der Kunst, sondern ausschließlich die spezifische Form der Annihilierung jeglicher Standards raumzeitlicher Orientierung zugunsten von ästhetischer Stimmung. Das heißt, es handelt sich um die Herstellung schierer Gegenwart eines Imaginären, ohne Interesse an Perspektivierung zukünftiger Zeit.

Was ist das Imaginäre? Maurice Blanchot wählte den Begriff als Anfangsbestimmung der modernen Kunst, die er ohne Zukunft sieht. Ohne dies auszuführen, sei für das Imaginäre auf Texte wie Flauberts *Salammbô* oder Kafkas *In der Strafkolonie* verwiesen. Hier sind grausame Vorgänge inszeniert, ohne daß sie diskursiv eingeordnet wären. Ihre enigmatische Verschlossenheit steht in evokativer Distanz zu der furchtbaren Thematik. Es kommt darauf an zu erkennen, inwiefern hier nicht eigentlich das Böse des Gehalts den Ausschlag gibt, sondern der Modus der kontemplativen Konzentration auf reine Gegenwärtigkeit einer Stimmung.

Diese Struktur von Zeitlichkeit ist zuerst von Rousseau in seinen *Rêveries du promeneur solitaire* entdeckt worden: Im fünften Spaziergang findet eine Analyse reiner Gegenwärtigkeit des Empfindens statt, eben der Zustand der »Rêverie« jenseits von Vergangenheits- und Zukunftsbezug. Es handelt sich offenbar durchaus um einen kognitiven Zustand, aber ohne »die Mühe des Denkens«: der vollkommene Augenblick, der nicht zu Ende gehen soll, also in seiner Zeitlichkeit als der glückhaft erfüllte gedacht ist, wie es in Goethes berühmter Phrase im *Faust* variiert wird. Aber es gilt hier nicht den Charakter des Kairos selbst zu emphatisieren, sondern den Zusammenfall träumenden Befindens und kurzer Zeitlichkeit. Dann wird nicht zuletzt der imaginative Modus, also der literarische, deutlich, wie ihn Baudelaire im Widmungsgedicht der *Fleurs du mal* formuliert hat, bezogen auf einen bösen Vorstellungsgehalt: der »Ennui«, der von Blutgerüsten träumt, ähnlich wie Delacroix in *Sardanapal* – ein Lieblingsbild Baudelaires – das Gemetzel in einer träumerischen Weise dargestellt hat. Das sind zentrale repräsentative Hinweise auf den Momentanismus der frühen künstlerischen Moderne und die in ihm verborgene Asozialität, wohlverstanden nicht als vordergründige subjektive Provokation, sondern als objektiver Bewußtseinszustand. Und diese Kennzeichnung hat sich bis heute in der Diskussion ästhetischer Theorie fortgesetzt.

Zweitens Lyotard. Er hat sich bekanntlich bei der Begründung des künstlerischen Avantgardismus im Begriff des Erhabenen auf die Zeitemphatik des amerikanischen abstrakten Expressionisten Barnett Baruch Newman gestützt, dessen Bilder Titel wie *Here I, II, III*, ein Essay von 1948 heißt *The Sublime is Now.* Lyotard fragt in seinem Essay *Das Erhabene und die Avantgarde* nach dem Zeitverständnis dieses »Now«. Er gibt sich große Mühe, es von dem Verständnis als »ekstatischem Augenblick« in der Tradition Augustins oder Husserls – und wir könnten hinzufügen: im Sinne Virginia Woolfs oder James Joyce' – prinzipiell zu unterscheiden. Es gehe nicht um die inhaltliche Vorstellung von etwas, das jetzt eintritt, als vielmehr um den Ereignischarakter selbst, um »daß es geschieht«. Lyotard erwähnt dabei auch den Ereignisbegriff Heideggers. Metaphorisch hat sich dies in der Deutung von Hölderlins berühmtem Sprachzeichen »Jetzt« dargestellt, worauf Lyotard nicht eingeht. Aber der indirekte Hinweis auf Heideggers/Hölderlins »Jetzt«, das ja zutiefst metaphysisch geprägt ist, zeigt das versteckte Problem an: Wie es Lyotard denn gelingen will, die Vorstellung eines ereignishaften »daß« freizuhalten von dessen inhaltlicher Ausfüllung.

Für diese Differenz gibt es schon vor Lyotard ein sehr viel überzeugenderes Beispiel in André Bretons erstem surrealistischen Manifest, wo es heißt, »daß jene Idee, jene Frau Eindruck auf ihn macht … er aber keineswegs fähig sei, zu sagen, welchen Eindruck«. Und hierfür wird die Zeitlichkeit von nur einem »Augenblick« in Anspruch genommen. Lyotard geht es vor allem darum, die Zeitlichkeit des »Jetzt« von der Kontrolle des Bewußtseins freizuhalten. Es ist also genau jene Plötzlichkeit von Nietzsches Dionysischem Augenblick, bei dem das Principium individuationis, also das Bewußtsein, aufgehoben wird. Nun ist der Dionysische Augenblick natürlich nicht frei von einer inhaltlichen Referenz. Er verdankt sich einem Ursein als Schmerz. Und auch Lyotards »Jetzt« kann nicht ganz ohne eine solche inhaltliche Referentialisierung auskommen, nämlich die Kategorien der Existenz und des Unbewußten. Um so beachtlicher ist, mit welcher Verve er den Unbestimmtheitsfaktor des Zeitzeichens »Jetzt« herausgearbeitet hat.

Was besagt das Abheben auf den zeitlichen Faktor, auf den Zustand des »Jetzt« in der modernen Literatur und ihrer Theorie? Offensichtlich ist es der Versuch, der traditionellen Geisteskategorie zu entkommen, ohne dabei jedoch etwas emphatisch Anmutendes zu verlieren. Und dafür wird die negative Idee des Unbestimmten gesetzt, die eine Säkularisation der romantischen Idee des Unendlichen ist. Lyotard setzt dieses negative Unbestimmte in der Auffassung Barnett Newmans nachdrücklich von der surrealistischen Version des Unbestimmten ab, weil diese noch immer der romantischen Auffassung verpflichtet sei, denn: »Das Unausdrückbare ist nicht in einem Jenseits, einer anderen Welt oder einer anderen Zeit beheimatet, sondern darin, *daß es geschieht, daß etwas geschieht.*« Ähnlich oder besser: analog dazu hat Virginia Woolf die an sich selbst gerichtete Frage, ob in ihren »Moments of Being« ein heimlicher Platonismus am Werk sei, ein verborgener Gott wirke, beantwortet, daß allein die Selbstreferenz ihrer Sprache diese Momente produziere. Es ist also festzuhalten, daß der Zeitfaktor reiner Zuständigkeit, den wir als Strukturmerkmal des Selbstverständnisses der klassischen Moderne erkennen, unmittelbar verbunden ist mit einer Absage an diskursive Ideenprozesse. Man könnte die moderne Metaphorik des unvermittelten Zuständlichen und Plötzlichen auch als Häresien wider den philosophischen Geist definieren.

Sofern moderne Literatur, vom Surrealismus bis Cortázar und Borges, von Kafka bis Sartre und Pynchon, phantastische Literatur ist oder eine Literatur des Imaginären, bedeutet das Phantastisch-Imaginäre in ihr keine Repräsentanz einer philosophischen Idee. Das ist nicht selbstverständlich. Denn das Phantastische hatte an seinem Ursprungsort, bei Novalis und E. T. A. Hoffmann, immer jenen Zeichencharakter, der auf eine höhere Sphäre verwies. Das Romantisch-Phantastische dieser ersten Ordnung war immer auch ein geschichtsphilosophisches oder naturphilosophisches Symbolon. Damit haben erst die Spätromantiker Poe oder Arnim, Brentano und Kleist Schluß gemacht: Nunmehr bedeutet das rätselhafte oder exotische Detail nicht mehr dieses oder jenes Andere – Höhere. Es bedeutet nur noch sich selbst in einer wiederum den Zeitfaktor wichtig machenden Weise. Beschränkt auf bloß ein Beispiel läßt dieser Zeitfaktor des Phantastischen sich in etwa so erläutern: Wenn in Kleists *Michael Kohlhaas* die quasi zum deutschen Nationalcharakter erstarrte Figur des Rächers aus verlorener Gerechtigkeit umschlägt zur Gefühlsmaschine von extremer Intensität, dann hat sich Zukunftsperspektivierung zurückverwandelt in den absoluten Zeitpunkt von Gegenwärtigkeit. Darüber hinaus gibt es nichts mehr.

Die berühmten Rappen, deren widergesetzliche Inanspruchnahme durch einen ortsansässigen Adligen der einfache Mann Kohlhaas mit Feuer und Schwert sühnen will, sind von der traditionellen Hermeneutik immer als das zentrale Symbol der Erzählung gelesen worden, mit aller Anschlußfähigkeit zur moralischen, politischen und geschichtsphilosophischen Auslegung. Dabei hat sie übersehen, daß es am Ende nicht die symbolträchtigen Tiere sind, die metaphorisch ausschlaggebend werden, sondern ein Stück Papier, von dessen Inhalt der Leser nichts erfährt. Mit dem Fortfall des Rappensymbols ist auch der Zeitfaktor Zukunft, sei er individuell oder historisch, verschwunden. Der Zeitfaktor, der nunmehr vorherrscht, ist die Stimmung des Augenblicks, ohne Anschlußfähigkeit an moralische oder philosophische Implikationen. Wenn die traditionelle Hermeneutik moderne Metaphorik mit geschichtsphilosophischen Symbolen verwechselt, verhält sie sich, um ein Bild Malapartes zu bemühen, wie die deutschen Soldaten, als plötzlich vor ihnen die G.I.s wie junge Götter aus dem Mittelmeer auftauchten: Es war der Jazz, in dem sich die

Überlegenheit des Gegners offenbarte. Die Deutschen glaubten noch an die anderen Götter, die auch die Götter des Faschismus waren. Nunmehr spielte sich vor ihnen etwas noch Unverständliches ab: der Triumph der Säkularisation: ohne Götter human zu sein!

Bei den bisherigen Verweisen auf die Eminenz der Augenblicksverfaßtheit moderner Literatur hat bei aller Distanz zur philosophischen oder moralischen Bedeutung doch der epiphane Charakter dieses Augenblicks im Vordergrund gestanden. Man hatte es, ob in der Variante des Bösen à la Bataille oder in der Variante des Unbestimmten à la Lyotard, noch immer mit positiver Emphatik zu tun. Will man sich klarmachen, was nun der poetische Nihilismus in diesem Zusammenhang bedeutet, hat man sich nur die Plötzlichkeitsstruktur des literarischen Augenblicks vorzustellen – nunmehr aber abzüglich seiner epiphanen Qualität.

2

Poetischer Nihilismus oder poetische Negativität taucht also dort auf, wo der Modus der Plötzlichkeitsbestimmung nicht mehr positiv, sondern negativ codiert ist. Und zwar dadurch, daß nunmehr der Zeitfaktor der kürzesten Dauer sich radikalisiert, daß die Zukunftslosigkeit einschließlich einer konsequent negativen Auffassung des Todes in repräsentativen Texten der Moderne auftaucht. Beispielhaft nenne ich Giacomo Leopardi und Charles Baudelaire für das 19. Jahrhundert, Franz Kafka und E. M. Cioran für das 20. Jahrhundert. Baudelaires Emphatisierung eines negativen Zeitbewußtseins kann dabei als das intellektuelle Zentrum angesehen werden. Es handelt sich um die Umkehr des erfüllten Augenblicks jener epiphanen Provenienz zum negativen Augenblick. Baudelaires »Spleen« ist nicht mehr die romantische Melancholie angesichts eines als leer empfundenen Zeitalters, sondern sehr viel spezifischer das Bewußtsein von einer notwendigen Leere der subjektiven Zeit. Diese besteht darin, daß der empfundene Augenblick nicht mehr zu seiner phänomenologischen oder epiphanen Entfaltung gelangt, sondern als ein immer schon gewesener, als von reiner Negativität bestimmter reflektiert ist. Baudelaires Abschied vom je schon Gewesenen ist das Thema seiner gewaltigen lyrischen Konstruktion in dem wichtigsten lyrischen System der Moderne, den *Fleurs du mal*. Es bedeutet die vorweggenommene Umkehr von Prousts Vergegenwärtigung der verlorenen Zeit, die ja so etwas darstellt wie die ästhetische Utopie aller Utopien des 20. Jahrhunderts von Walter Benjamin bis Ernst Bloch. Eine solche Vergegenwärtigung des Vergangenen ist in den Gedichten Baudelaires nicht möglich, weil das Präsens selbst immer schon als zur Vergangenheit Umgeschlagenes begriffen ist. Dagegen läßt sich Prousts wiedergewonnene verlorene Zeit als Vergangenheitsachse eines Zeitschemas denken, in dem dann auch die Kategorie Zukunft möglich ist und gedacht werden kann. Wenn Vergangenheit als erinnerte zum glückhaften Augenblick präsentischer Zeit werden kann, liegt der Gedanke nahe, daß auch die nahe Zukunft als Möglichkeit gedacht ist.

Baudelaires verlorene Vergangenheit als der eben noch präsente subjektive Augenblick, die Reflexionsfigur des je schon Gewesenen, bekommt ihre historisch-intellektuelle Signifikanz, wenn man sie als Inversion der geschichtsphilosophischen Trauer um die verschwundene Antike betrachtet, wie sie zum Ausgang des 18. Jahrhunderts viele europäische Texte, vornehmlich die des deutschen Idealismus, charakterisiert. Die verschwundene Antike war die Utopie vom ersten sinnlichen Glück, war überhaupt rückwärtsgewandte Utopie als gesellschaftlicher Entwurf. Schiller, der Schüler Kants, hat die Utopie progressiv wiederhergestellt in seinem geschichtsphilosophischen Begriff des »Sentimentalischen«, in dem kraft Reflexion das moderne Subjekt die alte Utopie ein zweites Mal in sich wiederholt. Allein schon dadurch, daß Baudelaire die objektiv historische Kategorie ersetzt durch die des Bewußtseins reiner subjektiver Zeit, die geschichtsphilosophische Trauer durch das melancholische Bewußtsein in Anbetracht der eigenen leeren Minuten, wird deutlich, was hier für die Ansprüche des philosophischen Diskurses geschehen ist: die Emphatik einer Trauer ohne Geschichte.

Ein solcher Gedanke – oder sagen wir besser: ein solches Gefühl – entbehrt nicht der provokativen Subversion: Denn noch immer ist es in einschlägigen Historiker- und Soziologenkreisen undenkbar, Trauer und Geschichte *nicht* zusammenzudenken. Trauer ohne Geschichte, das erscheint ihnen irgendwie pervers. Leopardi, der große italienische Lyriker, hatte schon vorher die Vergeblichkeit der Präsenz des Vergangenen durchdacht und auf den Punkt gebracht, nämlich zu erkennen, daß Erinnerung als lebensnotwendige Täuschung zu verstehen sei. Im *Gedankenbuch* schreibt er: »Es ist doch ein holder Trug, der von den Jahrestagen ausgeht; wohl hat solcher Tag mit dem Vergangenen nicht mehr zu tun als irgendein anderer, und doch sagen wir: an *diesem* Tage ist das geschehen, an *diesem* bin ich so glücklich, so verzweifelt gewesen; und wirklich ist uns, als kehrten jene Dinge, die unwiederbringlich für immer dahin sind, ins Leben zurück und wären, zwar schattengleich, gegenwärtig; dies aber gibt uns unendlichen Trost, es verbannt den Gedanken der Zerstörung, des Auslöschens, der uns so sehr widerstrebt, und spiegelt die Gegenwart jener Dinge vor, die wir uns wirklich anwesend wünschen oder deren wir doch aus besonderem Anlaß gerne gedenken.«

Zerstörung, Auslöschung, Verschwundensein des eben noch Gewesenen ist das, was sich vollzieht. Aber wir ertragen diesen Vorgang nicht und erlauben uns deshalb, die ewige Präsenz jener verschwundenen Tage zu rekonstruieren. Leopardi dichtet nicht den Spleen, aber er spricht über dessen gedankliche Voraussetzung: die erinnernde Freude, den Jahrestag und den wiedergefundenen Ort einstigen Glücks einerseits als die zum Leben notwendige Konstruktion von Kontinuität zu erkennen – und andererseits diese Konstruktion als eine Täuschung zu durchschauen. Die Gegenwart gegen die Vernichtung gestellt ist natürlich der allererste Instinkt, der mich besserer Einsicht zum Trotz am Leben erhält, weiß Leopardi.

Die Endgültigkeit von Baudelaires Zeitschmerz, wie er es in dem Gedicht *A une passante* in der Beschwörung der Unbekannten, die für einen Augenaufschlag auf dem Boulevard vorüberging, paradigmatisch formulierte, ist hier vorgeahnt: den Schmerz, das, was flüchtig ist, für ewig besitzen zu wollen und die Gewißheit es niemals zu bekommen. Nietzsche hat die Fähigkeit, sich tapfer keiner historischen Illusion anheimzugeben, sondern den Abschied vom Gestern aller Gefühle durchzuhalten, in *Menschliches, Allzumenschliches* als »Probe« auf den »intellektuellen Charakter« definiert. Das darf man auf das Baudelairesche/Leopardische Zeitbewußtsein beziehen. Im Unterschied zur systematischen Philosophie haben sie die Probe auf ihren intellektuellen Charakter bestanden.

Es beleuchtet die absolute Differenz des poetischen Nihilismus, sei es seine Augenblicksannihilierung, sei es seine Transzendenzaufhebung, wenn die Gehalte dieses Nihil in der Philosophie nicht auftauchen. Selbst Nietzsche konnte ihm nicht folgen, obwohl von ihm an signifikanter Stelle eine vollendete Formel des poetischen Nihilismus formuliert worden ist: nämlich das Dasein als »ein nie zu vollendendes Imperfekt« zu begreifen, als ein »ununterbrochenes Gewesensein«, denn der Augenblick sei »im Husch da, im Husch vorüber, vorher ein Nichts, nachher ein Nichts, kommt doch als Gespenst wieder und stört die Ruhe eines späteren Augenblicks«. Da Nietzsche aber charakteristischerweise an Geschichte, also an einem Kontinuum, nicht aber an der Subjektivität des Zeitbewußtseins interessiert ist, treibt er seine Formel nicht weiter.

Wir können das für die Philosophie verallgemeinern, wobei man für die Kategorie Kontinuum Varianten einsetzen mag. Selbst bei materialistischen Philosophen, die entweder wie Feuerbach die Transzendenz der subjektiven Einzelseele leugneten, oder bei erkenntniskritischen wie Kant, die die Annahme eines Gottes über die traditionellen Gottesbeweise widerlegten, ist die negative Formel gegen den Kontinuitätsgedanken undenkbar. Das sei hier nicht näher erläutert. Den

Tatbestand selbst zu erkennen ist wichtig, weil er den Ort des poetischen Nihilismus innerhalb beziehungsweise außerhalb der Diskurse kommentiert. Interessant ist aber doch ein Blick auf Kants Aufsatz *Das Ende aller Dinge*, weil er das wohlverstanden philosophische Entsetzen vor der Annahme eines finalen Punktes besonders aufschlußreich zeigt. Reflektierend auf die Redensart über einen sterbenden Menschen, er ginge »aus der Zeit in die Ewigkeit«, fährt Kant fort: »Dieser Ausdruck würde in der Tat nichts sagen, wenn hier unter der *Ewigkeit* eine ins Unendliche fortgehende Zeit verstanden werden sollte; denn da käme ja der Mensch nie aus der Zeit heraus, sondern ginge nur immer aus einer in die andre fort. Also muß damit ein *Ende aller Zeit* bei ununterbrochener Fortdauer des Menschen, diese Dauer aber (sein Dasein als Größe betrachtet) doch auch als eine mit der Zeit ganz unvergleichbare Größe *(duratio Noumenon)* gemeint sein, von der wir uns freilich keinen (als bloß negativen) Begriff machen können. Dieser Gedanke hat etwas Grausendes in sich: weil er gleichsam an den Rand eines Abgrunds führt, aus welchem für den, der darin versinkt, keine Wiederkehr möglich ist.«

Die beeindruckende Kantsche Begründung der emotional-psychologischen Nichtakzeptanz von Zukunftslosigkeit hat noch einmal Adorno als Philosoph aufgenommen. Das ist um so beachtenswerter für unsere Problematik, weil er als Schriftsteller die Struktur der leeren Zeitlichkeit im Sinne der Formel des poetischen Nihilismus sehr wohl gedacht hat. Er brachte das moderne Bewußtsein des nichterfüllten Augenblicks nämlich in dem Aphorismus »Nur ein Viertelstündchen« in den *Minima Moralia* auf den Satz, der sich wie ein Gesetz des poetischen Nihilismus liest: »Die Stunden, die als Sekunden schon vorbei sind, ehe der innere Sinn sie aufgefaßt hat, und ihn fortreißen in ihrem Sturz, melden ihm, wie er samt allem Gedächtnis dem Vergessen geweiht ist in der kosmischer Nacht.« Adorno hat ebenfalls die heroische und konventionelle Todesberuhigung als unhaltbar verworfen. Aber wenn er zur theoretischen Beurteilung eines endgültigen Endes von etwas, wenn er gar zum Gedanken des Todes als eines absoluten Endes kommt, dann kehrt Adorno als Philosoph in der *Negativen Dialektik* gegen dieses Ende die Idee der Philosophie selbst, dann sagt er: »Gleichwohl ist der Gedanke, der Tod sei das schlechthin Letzte, unausdenkbar. Versuche der Sprache, den Tod auszudrücken, sind vergebens bis in die Logik hinein; wer wäre das Subjekt, von dem da präzidiert wird, es sei jetzt, hier, tot. Nicht nur die Lust, die, nach Nietzsches erleuchtetem Wort, Ewigkeit will, sträubt sich gegen Vergängnis. Wäre der Tod jenes Absolute, das die Philosophie positiv vergebens beschwor, so ist alles überhaupt nichts, auch jeder Gedanke ins Leere gedacht, keiner läßt mit Wahrheit irgend sich denken. Denn es ist ein Moment von Wahrheit, daß sie samt ihrem Zeitkern dauere; ohne alle Dauer wäre keine, noch deren letzte Spur verschlänge der absolute Tod.«

Adorno dekretiert also die idealistische Überzeugung, daß das Wahrheitskriterium eine Permanenz der Zeit verlange: Wahrheit gleich Ewigkeit. Adorno bleibt, obwohl er dagegen rebellieren will, immer dem Gedanken Hegels verpflichtet, der in der *Phänomenologie des Geistes* ebendiesen Geist als einen dialektischen definierte, der per definitionem die Idee des Negativen in sich aufgenommen habe, also auch den Tod, denn den Tod in sich aufzunehmen, sich ihn erhalten, sei das »Leben des Geistes«. Hegel spricht an dieser Stelle provokativ davon, daß diese reflexive Leistung von der »kraftlosen Schönheit« nicht aufgebracht werde. Man kann für den Begriff »kraftlose Schönheit« auch »schöne Literatur« einsetzen oder »poetisches Bewußtsein« und hat unsere Konstellation quasi als Ideenmodell des deutschen Idealismus: hier die Philosophie, die kraft Dialektik zum Positiven verstößt, dort die literarische Imagination, die sich in Entbehrung dieser Dialektik dem Negativen hingibt.

Daß die Fortsetzung eines »Jetzt« nicht ein notwendiger Gedanke sein muß, das ist unter Philosophen eigentlich nur von Montaigne gedacht worden, der den Philosophen vorhielt, sie trösteten die Menschen über ihre Sterblichkeit hinweg und überließen es den Dichtern, »das Zukunftsleid auszumalen«. Damit hat Montaigne die Differenz zwischen Poesie und Diskurs tatsächlich benannt: die emphatische Wahrnehmung eines zeitlichen Jetzt. Die philosophische Ablehnung des zeitlichen Jetzt und die negative Empfindung in ihr hat Schiller im zwölften Brief der *Ästhetischen Erziehung* bündig formuliert: »Da alles, was in der Zeit ist, *nacheinander* ist, so wird dadurch, daß etwas ist, alles andere ausgeschlossen. Indem man auf einem Instrument einen Ton greift, ist unter allen Tönen, die es möglicherweise geben kann, nur dieser eine wirklich; indem der Mensch das Gegenwärtige empfindet, ist die ganze unendliche Möglichkeit seiner Bestimmungen auf diese einzige Art des Daseins beschränkt. Wo also dieser Trieb ausschließend wirkt, da ist notwendig die höchste Begrenzung vorhanden; der Mensch ist in diesem Zustand nichts als eine Größeneinheit, ein erfüllter Moment der Zeit – oder vielmehr er ist nicht, denn seine Persönlichkeit ist solange aufgehoben, als ihn die Empfindung beherrscht und die Zeit mit sich fortreißt.«

Vor dieser philosophischen Distanzierung der Temporalisierung bekommen unsere Beispiele eines poetischen Nihilismus in Gestalt des negativen Augenblicks einen systematischen Ort: Sie sind nicht länger als idiosynkratische Emanationen einer Phantasie in der Krise oder als zeitsymptomatische Belege eines spezifischen Stils der subjektiven Morbidität oder der objektiven Dekadenz zu lesen. Vielmehr spricht sich in ihnen eine Wahrnehmung unserer Zeitlichkeit aus, die für die repräsentative literarische Moderne charakteristisch ist, die vom philosophischen Diskurs jedoch aus Gründen seiner Kategorien a priori ausgeschlossen ist. Schillers Bezugnahme auf die Persönlichkeit eines ewigen Selbst ist der definitive Gegensatz zu dem literarischen Paradigma, in dem der poetische Nihilismus seine wichtigste Verfassung im 20. Jahrhundert bekam: in Kafkas Zeitbewußtsein negativer Präsenz. Die Absage an die Kategorie der Zukunft begründet sich in der sprachskeptischen Überzeugung, daß jede Zukunftsannahme fälschlich beliehen ist mit positiven Vorausannahmen zwecks illusionistischer Ausstattung des Jetztgefühls. Man muß Kafkas negative Selbstbeschreibung das empirisch-soziale Zeitgefühl betreffend von einer psychologisch-pathologischen Lektüre prinzipiell trennen und hierin die Absage der Imagination an die Zukunftsgewißheit erkennen, die für die moderne Literatur – Robert Walser, Samuel Beckett – überhaupt steht.

3

Der literarische Diskurs entbehrt also des entscheidenden Merkmals, das alle andere Formen der Kommunikation kennzeichnet: Die Gesellschaft existiert in allen ihren Sektoren aufgrund von Antizipation, die Kultur lebt von Zukunftsannahmen, so die pragmatische Rede, das Alltagsbewußtsein vollzieht sich noch immer und trotz der stattgehabten Säkularisation des christlichen Offenbarungsglaubens in der Antizipation irgendeiner Ewigkeit. Kants Überlegung in Hinsicht auf die Annahme eines absoluten Endes hat das auf noch immer überzeugend wirkende Weise erläutert, selbst wenn man Hegels Begriffsformalismus zur Verteidigung der Todesakzeptanz nicht folgen will. Nun haben wir hier zum Glück nicht zu entscheiden, welche der beiden Diskursformen, die der Zukunft oder die der Zukunftslosigkeit, recht hat oder wie man denn leben wolle, schlösse man sich den Impulsen des poetischen Nihilismus jenseits seiner bloßen Lektüre, also im praktischen Leben, an. Wahrscheinlich im Sinne der Pragmatik, die erstens weiß, daß man den Tod ohnehin ständig vergißt, wie es Schopenhauer schon als Voraussetzung des Lebenkönnens reflektierte, die sich zweitens ohnehin im Streß des Banal-Negativen, nicht von Sinn erfüllten, einrichtet und schließlich das Ende der emphatisch-negativen Literatur ahnt, ja täglich wahrnimmt, sich also keine Sorgen darüber zu machen hat, wie sie denn deren negativer Emphatik entsprechen könne. Vielmehr ist nur zu entscheiden, ob die Literaturwissenschaften, ob die Universitätshermeneutik und in ihrer Folge ihre praktischen Realisierungen in Literatur, Theater und staatlichen Institutionen mit der als poetischem Nihilismus beschriebenen literarischen Imagination prinzipiell angemessen umgehen können oder nicht. Ob sie es werden, ist die nachgeordnete Frage.

Seit zweihundert Jahren haben *Humanities and Arts* es verstanden, den literarisch-künstlerischen Diskurs ihren eigenen Denkformen, eben Denkformen der Zukunft, anzuschließen: Sie haben Literatur und Kunst vornehmlich in geschichtsphilosophische Kategorien übersetzt. Cum grano salis tun das auch die aktuellen europäischen Geisteswissenschaften unter Zuspruch und Einfluß der Sozialphilosophie. Beispielhaft hierfür ist die Auffassung von moderner Literatur als integralem Element einer progressiven Zukunftsmoderne, wobei ausgerechnet der Melancholiker Baudelaire als Paradigma herhalten mußte, weil er die Kategorie des flüchtigen Zeitmoments in seinem als Modernitätstheorie berühmt gewordenen Essay *Le peintre de la vie moderne* verwandt hat, so als ob damit das Projekt einer progressiv fortschreitenden Zeit der Moderne betrieben worden wäre. Bei solchen Neuauflagen der traditionellen geschichtsphilosophischen Zähmung des literarisch Negativen wird vergessen, daß es Baudelaire vor allem um die Präsenz eines Schönen geht, das sich immer wieder verliert. Mit historischen Zeitreferenzen hat diese Vorstellung überhaupt nichts zu schaffen!

Die stark geschichtsphilosophische Umformulierung literarischer Imagination erscheint mir allerdings nicht das zu sein, was unmittelbar in der Wissenschaft bevorsteht, auch wenn es innerhalb der amerikanischen Geschichtswissenschaft unter der Anführerschaft von bedeutenden Traditionalisten wie Gertrude Himmelfarb offenbar eine neue Frontbildung gab gegen die Dekonstruktion der Geschichte, also gegen einen nominalistischen Reduktionismus der Geschichte auf bloße Texte. Vielmehr erscheint mir die aktuelle Tendenz die Umformulierung von Literaturwissenschaft in Kulturwissenschaft zu sein; für die amerikanische Universität hat Bill Reading das detailliert anhand des Begriffs der Professionalisierung dargelegt. Eine besonders naive Variante der kulturwissenschaftlichen Neudefinierung setzt geisteswissenschaftliche Motive – denn literarische kennt sie nicht – in unmittelbare Parallele zu der jeweils avanciertesten naturwissenschaftlich-technischen Begriffsinnovation. In den fünfziger Jahren war beispielhaft hierfür das Hantieren mit dem Atommodell oder der Relativitätstheorie, naturwissenschaftlichen Erfindungen, die nicht zuletzt gerade auch kulturell ehrgeizige Naturwissenschaftler metaphorisch pathetisierten.

Bekanntlich ist die Literaturwissenschaft besonders anfällig für den Unsinn des Analogisierens. Das hängt auch damit zusammen, daß sie sich, von Ausnahmen abgesehen, seit den sechziger Jahren im engen Bündnis mit den Sozialwissenschaften und der Sozialgeschichte verstand, also keine innovativ-autonome Begrifflichkeit im Sinne einer Kunstwissenschaft entwickelt hat. Man schloß sich der Kommunikations- oder Systemtheorie an und verpaßte damit den Anschluß an kunsttheoretisch interessante Perspektiven. Man zittert davor, politisch nicht korrekt zu sein und sozial nicht anschlußfähig zu bleiben. Charakteristisch für den aktuellen Versuch ist, die Unhintergehbarkeit der Literaturwissenschaft als Textwissenschaft, als hermeneutisch-ästhetische Disziplin doch zu negieren – typischerweise betrieben gerade von konventionellen Germanisten, die sich noch vor kurzem in ihren akademisch-klassizistischen Welt- und Lebensanschauungen sicher fühlten und sich auch gegenüber modernen ästhetischen Kategorien verbarrikadierten. Ein Beispiel für diese Mentalität möge genügen: »Das Buch der Welt wird nicht mehr länger aus den Überschreibungen durch Philosophie, Literatur und Geschichte entziffert. Die wiedererscheinende Urschrift wird aus dem naturwissenschaftlichen Experiment, aus der Aufklärung der Erbsubstanz allen Lebens, aus der Computersimulation und der mit ihr erzeugten virtuellen Realität gelesen, in der es ist, als könne der Mensch mit den Bauteilen des Lebens spielen und sich spielerisch bewegen.«

Der heimlichen Theologie dieses Begriffsbombastes eines Philologen entgeht, daß es in den Geisteswissenschaften, speziell in den Literaturwissenschaften, nicht Überschreibungen waren aus einem objektiv Vorgegebenen, sondern immer Perspektivierungen und Benennungen, daß akademische Kenntnis ohnehin nie bloß Information sein kann, so wie nach Hegels Satz Wissenschaft nicht Wissen, sondern Selbstreflexion des Wissens bedeutet. Ganz abgesehen davon ist die Kategorie des Subjektiven, die im obigen Zitat geleugnet ist, gerade diejenige, die heute auch in den Naturwissenschaften an Terrain gewinnt, ohne daß daraus etwa ein Anspruch für die Parallelität von Geistes- und Naturwissenschaften gewonnen werden könnte. Die Literaturwissenschaft wird sich also nicht als Wissenschaft vom Menschen andienen können, sofern sie von Literatur spricht, wie die von Kulturfunktionären und Wissenschaftspolitikern in Umlauf gesetzte ideologische Formel lautet.

Es bedarf keiner weiteren Erläuterung, daß die neue Kulturwissenschaft (noch weniger als die alte Geschichtsphilosophie) den Kern des Imaginativ-Literarischen, ganz zu schweigen von dessen poetischer Negativität, nicht wahrnehmen kann. Mehr noch: daß sie diesen Kern, sofern sie tatsächlich die poetische Negativität als diesen Kern ahnt, bewußt eliminiert. Denn Literatur in Kultur transformieren heißt eben, die heiße Zone inkompatibler Subjektivität einem kollektiv-objektiv schon Vereinbarten zuzuschlagen, sei es nun die von Husserl erfundene »Lebenswelt« oder das von Luhmann angebotene kulturelle »System«. Nun sind die beiden genannten Methoden, die literarische Tradition wissenschaftlich zu vermitteln, ja nicht böser Absicht entsprungen. Es handelt sich nicht, wie die ältere Kulturkritik es sehen könnte, um eine Verschwörung. Vielmehr ist es nichts anderes als die Bestätigung unseres Befunds poetischer Negativität als Struktur. Diese ist offenbar nicht als solche, sondern nur in Form einer Entstellung in der wissenschaftlichen Rede vermittelbar. Selbst dort, wo man mit ähnlichen Kategorien neuerdings arbeitet, etwa im Kreis der *Cahiers de la littérature générale et comparaine*, bleibt man doch einer Poetik des Transzendenten, des Fernen, nicht eigentlich, wie es das Projekt angibt, des »Néant«

verhaftet. Das gilt noch mehr für Pierre Taminiaoux' »Poetique de la négation«, die diese Negation als mystische Form einer Präsenz des Nichtpräsenten denkt, als eine Identität zwischen Sprache und Schweigen in der Tradition Blanchots. Die Triftigkeit von Roland Barthes' Diagnose zur Unvermittelbarkeit von Text und Institution liegt somit auf der Hand. Sie lautete: »Welche Beziehung kann zwischen der Lust am Text und den Institutionen des Textes bestehen? Eine ganz winzige. Die Theorie des Textes postuliert die Wollust, aber sie hat wenig institutionelle Zukunft: Was sie begründet, was sie genau erfüllt, ihr Postulat ist eine Praxis (die des Schriftstellers), keineswegs eine Wissenschaft, eine Methode, eine Forschung, eine Theorie, eine Pädagogik.«

Nun sind seit diesem zugegeben recht esoterisch formulierten Statement des französischen Strukturalisten fast dreißig Jahre vergangen und die von ihm inaugurierte neue Lust am Text hat, wer wollte das leugnen, zahlreiche Jünger gefunden. Daß sie Schule gemacht hätte in Gestalt der de Manschen Dekonstruktion ist jedoch mit Blick auf die europäische Universität zu bezweifeln, ganz abgesehen davon, daß es de Man und letztlich noch weniger Derrida um die Faszination am literarischen Text geht, sondern eher wieder um philosophische Ethik, ja um Politik. Das zeigt sich auch daran, daß die jüngere Fraktion der Dekonstruktivisten mit kultur- und medienwissenschaftlichen Kategorien zu arbeiten beginnt und via Gender Studies der politischen Korrektheit jedenfalls nicht aus dem Weg geht. Was ist damit gesagt? Keine neue Trendangabe für den wissenschaftlichen Diskurs, sondern bloß die Erinnerung an das Ewiggleiche: literarischer Text und wissenschaftliche Institution sind zweierlei Dinge, die selten aufeinandertreffen.

Wenn es keine philosophische, keine kulturtheoretische und gewiß keine pädagogische Legitimierung des poetischen Nihilismus geben kann, dann folgt daraus zwingend, daß auch zum Beispiel Schwarzes Theater und antibürgerliche Kulturkritik diesen Nihilismus verfehlen, a priori einen Kompromiß mit politisch-weltanschaulichen Gegebenheiten herstellen müssen – woraus sich übrigens auch der extreme Konformismus bei als progressiv ausgewiesenen europäischen Theaterregisseuren und als kulturrevolutionär geltenden europäischen Kulturministern erklärt. Auch dies ist weniger ein persönliches Defizit, sondern liegt an einem sozialpsychologisch begründeten radikalen Paradigmawechsel, den man überall erkennt: Eine kleinbürgerliche Medien- und Massenkultur hat die alte Zivilisation des Intellektuellen ersetzt. Die Literatur des poetischen Nihilismus aber – das ist bei dieser soziologischen Perspektive unübersehbar – gehört jener älteren Zivilisation an. Damit möchte ich nicht mit Maurice Blanchot von einer »Kunst ohne Zukunft« sprechen. In Konsequenz meiner Absage an geschichtsphilosophische oder teleologische Argumentation habe ich über ein solches Finale ohnehin zu schweigen.

Ganz im Gegenteil, mein letzter Blick auf den poetischen Nihilismus ist positiv: Wenn die Wissenschaft nicht so recht von ihm zu sprechen weiß, warum zieht er dann seit langem schon den gebildeten Leser an? Was ist das ästhetisch Positive an dieser Negativität? Das ist eine schwierige Frage, strukturell inhaltlich jener kunstphilosophischen ähnlich, die nach dem Vergnügen an tragischen Gegenständen fragte, das heißt nach der imaginativen Attraktivität des Erhabenen. Machen wir die Antwort kurz: Es handelt sich bei dem poetisch Negativen eher um ein Erhabenes der Burkeschen, weniger der Schillerschen Fassung. Es ist keine dem transzendentalen Prozeß entwachsene Reflexion, die angesichts eines überwältigenden Schreckens die eigene moralische Überlegenheit erfährt. Es ist ein imaginatives, moralisch wertneutrales Innewerden einer unüberbietbaren Stimmung, die nach Novalis' Formel strukturierbar ist: »Nichts ist poetischer, als Erinnerung und Ahndung oder Vorstellung der Zukunft.« Daß die eine Alternative, die der Erinnerung, von der anderen, der Zukunft, getrennt wird, darin liegt der erste Schritt zum unüberbietbaren poetischen Kern des poetischen Nihilismus. Der zweite aber ist: Die Novalissche Erinnerung – also was man seit den Griechen als *mnemosyne* mit der Poesie selbst gleichsetzt – ist nicht mehr als melancholisches Gefühl präsentiert, sondern als verschwundenes und nicht mehr erreichbares. Poetische Melancholie ist also verdoppelt. Nietzsche nannte so etwas »Intensität«.

für Undine

Quellenverzeichnis

Erinnerungslosigkeit
Heidelberger Gadamer-Vorlesung, 29. Mai 2001. In: Frankfurter Rundschau vom 16. Juni 2001

Historische und poetische Trauer
Vortrag zum Colloquium »Trauer und Geschichte« in Weingarten, 11. 3. 1999. In: *Trauer und Geschichte,* herausgegeben von B. Liebsch und Jörn Rüsen, Köln Weimar Wien 2001

Ewige Gegenwart
In: Merkur, Doppelheft »Zukunft Denken«, 55. Jahrgang September/Oktober 2001

Augenblicke mit abnehmender Repräsentanz
Heidelberger Gadamer-Vorlesung, 5. Juni 2001

Negative Zeitlichkeit, philosophisch
Heidelberger Gadamer-Vorlesung, 6. Juni 2001

Die Zukunft der Geisteswissenschaften
Vorlesung an der Stanford University innerhalb der Presidential Lectures, 9. November 1998

Karl Heinz Bohrer im Carl Hanser Verlag

Die gefährdete Phantasie, oder Surrealismus und Terror
1970. 106 Seiten
Reihe Hanser

Der Lauf des Freitag
Die lädierte Utopie und die Dichter. Eine Analyse
1973. 141 Seiten
Reihe Hanser

Die Ästhetik des Schreckens
Die pessimistische Romantik und Ernst Jüngers Frühwerk
1978. 634 Seiten

Ein bißchen Lust am Untergang
Englische Ansichten
1979. 247 Seiten

Der romantische Brief
Die Entstehung ästhetischer Subjektivität
1987. 267 Seiten

Nach der Natur
Über Politik und Ästhetik
1988. 232 Seiten
Edition Akzente

Die Grenzen des Ästhetischen
1998. 208 Seiten
Edition Akzente

Provinzialismus
Ein physiognomisches Panorama
2000. 168 Seiten
Edition Akzente

Ästhetische Negativität
2002. 422 Seiten